12-80 3/10

KLEINE KONSTANZER BÜCHERTRUHE

KLEINE KONSTANZER BÜCHERTRUHE
Kostbarkeiten der Literatur,
herausgegeben von Eugen Gautschi-Gloor

# Die letzte Seele

*Chronik aus dem 17. Jahrhundert,*
*aufgezeichnet von Otto von Leixner*

Friedrich Bahn Verlag Konstanz

Mit freundlicher Genehmigung des Chr. Kaiser Verlages, München, als unveränderte Lizenzausgabe veröffentlicht

CIP-Kurztitelaufnahme der Deutschen Bibliothek

*Leixner, Otto von:*
Die letzte Seele: Chronik aus dem 17. Jahrhundert, aufgezeichnet von Otto von Leixner
1. Aufl. – Konstanz: Bahn, 1983
(Kleine Konstanzer Büchertruhe)
ISBN 3-7621-1801-9
NE: Gautschi-Gloor, Eugen [Hrsg.]; GT

1. Auflage 1983


Einbandgestaltung: Jürgen Kempter, Konstanz, unter Verwendung originalmarmorierten Papiers von K. Kubias, Konstanz

Satz und Druck: MZ-Verlagsdruckerei, Memmingen
Bindearbeiten: Walter Verlag, Heitersheim
Printed in Germany
ISBN 3-7621-1801-9

## *Vorwort des Herausgebers*

Es gibt heute unzählige Menschen, die erfüllt sind von Angst und Unsicherheit. Die Gewalttätigkeit nimmt zu, und die Bedrohung durch Atomwaffen ist Realität. Manch einer redet wehmütig von »der guten alten Zeit«. Doch damit ist keinem geholfen, und gerade die vorliegende herb-ergreifende Chronik aus der Zeit des Dreißigjährigen Krieges zeigt uns, wie auch vor Jahrhunderten Menschen in Bedrängnis und Unsicherheit leben mußten. Die Sprache dieser Chronik ist kernig, wie in Bronze gegossen, aber doch auch wieder gutherzig und geprägt von der Kraft göttlicher Liebe. Im Mittelpunkt steht ein Seelsorger, der in großer Treue im Walddorf abseits der großen Heerstraße wirkte. Aber auch er war nicht gefeit gegen Anfechtungen und tiefste innere und äußere Nöte. Doch findet er nach allem Unglück und Leid zu neuem Dienst und hingebendem Wirken.

»Die letzte Seele« klingt nicht aus in Resignation, sondern wirkt wie ein Ausgang aus einem dunklen Tunnel, hinaus in neue Helle und Zuversicht des Glaubens.

*Eugen Gautschi-Gloor*

# Im Namen Gottes

✝ des Vaters ✝ des Sohnes ✝ d. h. Geists

Amen.

Ich / Johannes Carolus Masius / pastor primarius emeritus an der Johannis-Kirch in Magdeburg / geboren im Hornung anno Domini 1605 zu Wittenberg / schreibe diese Blätter zum Gedächtnus für meinen Sohn im sechs- und siebenzigsten Jahr meines Lebens.

Deroweilen das Alter, so schon die römischen Weisen eine Krankheit genannt, bey mir zu Hauß ist und gleichermaaßen Gebreste mannigfacher Art sich eingestellet haben, so schreib ich das, was hier folget, Dir, mein hertzlieber Sohn, zum bleibenden Gedächtnus auff.

Der HErr, der mich bishero geführet und mir in seiner Gnad ein gesegnetes Alter verliehen, kann mich stündlich abrufen aus dieser Zeitlichkeit in seine Ewigkeit. In meinem Alter ist der Tod schon der Stubengenoß, so da mit uns aufstehet am Morgen, so da mit uns sich hinleget am Abend auf das Bett. Jegliche Stunde kann er, so der HErr kommandiret, uns greiffen, unterwährenddem wir wachen oder schlaffen oder schreiben. Nicht weiß ich, ob er nicht mir den Gänsekiel aus der Hand reißet, sprechende: »Carole, nun ist Zeit, nun säume nicht. Ich muß mich sputen!«

Item: Dreyfach gepreist sey der Mann,

dessen Herz sich nit entsatzet vor dem Sterben und nit stecket voll Forcht bis zum Rande. Er empfehlet Stund für Stund seine Seele dem HErrn. Hat er auch viel Übles im Leben geduldet, so ist doch sein Gemüt voll Dankbarkeit für alles, was ihm die Hand Gottes verhänget hat!

Viel Thränen seynd über meine Wangen geloffen in den höchst betrüblichen Zeitläufften, die ich durchlebet. Nun aber hat die Gnade des HErrn schon lange den Thränenquell versiechen lassen und jetzo ist mir, als ob alles Leid wäre so wie welke Blätter im Herbst, wann der starke Wind sich erhebet und sie verwehet, so daß kein Mensch mehr etwas von ihnen erblicket. Bey so gestalter Sache schau ich still in jedweden kommenden Tag. Ich weiß, es wird bald der Winter kommen für meinen sterblichen Leib, und bereitet schon liegt in der Truhen mein Sterbehembd. Aber ich zage nit, dieweil ich weiß, daß ich solle auferstehen zu einem neuen Frühling, wo auf den himmlischen Auen meine Augen erblicken werden Blümelein von allen Farben, so da nie niemals sich verfärben und verwelcken. Und dann werde ich wiedersehen, die ich geliebet und die vor mir dahinübergegangen und mir Quartier bestellet haben, und ich werde schauen des HErrn Herrlichkeit.

Wirstu lesen diese Blätter, so ist mein Licht ausgelöschet. Siehe, mein lieber Sohn, ich sage Dir nur: Folg meinen Worten, welche seynd, daß Du bleiben sollest Dein Lebenlang im HErren. Und so Er Dir schikket Freuden und ein brav Weib und liebe Kindlein und irdisch Gut, so kniee Dich hin im Kämmerlein und heb auf die Hände und sprich: Abba, ich danke Dir! Und so Er Dir schicket Nacht und Schmerzen und Dir nimmt, woran Dein irdisch Herz hänget, Gut und Weib und Kind, so gehe in Dein Kämmerlein und hebe die Hände und sprich: Abba, ich danke Dir! Denn siehe: es kömmt die Zeit, wo das Glück der Erden, wo das Leid der Erden Dir nichts mehr seyn wird, denn ein verwehtes Blatt im Herbste. Und allwo Deine Augen durch das Licht des Tages und die Finsternuß der Nacht schauen in das Land, so da denen versprochen ist, die GOtt über alles lieben. Solchergestalt mußtu Deinen HErrn lieben. Und dann liebe Deine Brüder, und wenn sie klagen, so tröste sie, und wenn sie leiden, so hilf ihnen nach Krafft, und wenn sie hungern, so brich ihnen Dein Brot, und tränke sie aus einem Becherlein, wann sie dürsten. Und hastu die rechte Lieb, so da niemalen aufhöret, so wird niemalen Dein Brot zu klein seyn, und Dein Becherlein wird überfließen. Und sprich zu ihnen sänftiglich: Es kommen die Täg, wo irdisches Licht und die Finsternuß der Erden vergehen, gleich den Blättern im Herbste. Derohalben weinet nit und zaget nit, damit Euch einstmals gegeben werde die Krone des Lebens.

Zwanzig Jahre schon hatte der grausige Glaubenskrieg gewüthet, welcher a. d. 1618 im Böhmischen anhub und sich alsdann gleichwie ein fressend Feuer ausbreitete in den deutschen Landen. Er war kommen wie ein Straffgericht für all den Unglauben und den Unfried. Und wie schon der hochgerühmte römische poeta virgilius von denen längstverflossenen Zeiten saget: Wenn Raserei das Haubt der Könige ergreiffet, dann müssen die Völker es büßen, so war es auch dazumal.

Kriegsknechte aus aller Herren Ländern durchzogen die Lande, wasmaßen sich gar bald auch frembde Herren um die Sach kümmerten und nach einem Happen gierig waren, wann sie auch des öfteren ausposaunten, sie kämpften alleinig um der rechten und reinen Lehre willen. Auch der Wolff in der Fabel machet ein gar frumbes Gesicht, wann er in den Hühnerstall eindringet.

Mit welcher Furi damals die Soldateska auff ihre Opfer losgefahren, gleich bissige Hund auf ein arm Schäfflein, davon gehet noch heute die Kunde, wann alte Leut den Kindlein erzählen was sich grausiges da begeben. Städte, worinnen fleißige Männer mancherley Handthirungen ausübeten zu Nutz und Frommen der Gemeinheit und Speiß und Tranck, Kleid und Dach sich erworben haben; allwo ein gut Regiment auf Ordnung sahe und das reine Wort GOttes durch treue Diener verkündiget ward, seynd mit Butz und Stingel vom Kriegsfeuer gefressen worden, und ist nichts zurückblieben als die Greuel der Verwüstung, und Gestrüppicht und mancherley Unkrauticht decket das wüst Gemäuer. Und viele viele Dörfer und Flecken, so da mitten in gar fruchtbaren Geländ lagen, allwo Männer, Weiber und Kinder ihre Notdurfft reichlich fanden, seynd auch von bemeldtem Feuer gefressen worden und nur dürftig Gemäuer und Ödland, so kein Pflug mehr durchfurchet, seynd geblieben. Und die Wüsteneyen erzählen noch viel lauter, denn die Stimmen der alten Leut, so da zu den Kindlein sprechen was hiebevor Grausiges geschahe.

In diesen ersten zwanzig Jahren hab ich wenig vom Kriegleid erfahren. A. D. 1638 begab ich mich in den heiligen Ehstand, und gleich darauf zoge ich nach einem gar stillen Winkul der Welt. Es war im Voigtlande, nicht weit von der Gegend, wo die weiße Elster, ein gar munteres Flüßlein, durch liebliche Thäler und Wälder hingehet. Mein Walddorf war gäntzlich von waldigen Bergen umschlossen und treulich behütet. Es lag an der Biegung eines Thales dermaßen, daß man es erst ersahe, wann einer schon am ersten Hüttchen stund. Die Felder und Waldwiesen streckten sich weit in die langen Thalsohlen und hoch hinauf an den Berghängen. Dort wuchs Roggen für das tägliche Brot und Kraut und Rübsen zur Zuspeiß; deßgleichen Flachs für das Linnen, sodann gleichermaßen Hirs Auff den Wiesen fanden etzliche Schaff gute Nahrung. Nach den

Kuppen hinauff standen mancherley Bäum, Eichen und Buchen, Tannen und Birken; diese so wie Jungfräulein zwischen alten würdigen Rathsherren; wann sie sich im Lenzsonnenschein begrüneten, war es gar lieblich anzuschauen. Sothaner Wald ringsum war also gleichsam ein bestallter treuer Hüter und lebendiger Schutzwall. Die nächste Heerstraß lag wohl eine Stund Wegs von Walddorf. Wer da auf ihr hinzoge, Soldknechte oder friedliche Leut, der kunnte nit wahrnehmen, daß da hinten ein bescheiden Völcklein sich zusammendrängte mit seinen Hütten um die alte Kirch und das steinere Pfarrhaus, gleichwie furchtsame Küchlein um die Glucke.

Es war ein armes Volck. Von den Reichthümern, die anderen zu Theil geworden, besaßen sie nichts. Sie danketen ihrem Gott, wann er ihnen gab, was sie brauchen für des Tags Nothdurfft. Der Acker gab ihnen das schwartze Brodt, das nur starke Zähn konnten beißen; Flachs und Wolle verspannen sie in Winterszeitten. Und wann der dicke Schnee sich im Anbeginn des Frühlings in versteckte Schlufften verkroche, dann zoge der Mehrteil der Jungleute mit schweren

Packen mit Linnen und mit Wolle fort bis nach Magdeburg, allwo er solches verhandelte. Wasmaßen Kauffherren allzeit so viel an einer Waar verdienen wollen, wie sie können, so drucketen sie auch bei meinen armen Waldleuten auf den Preiß; die ob ihrer Schätze schon in der Heiligen Schrifft gepreißte Königin von Saba hätt sich nit viel außgemacht von dem, was unsere Bursch insgesammt heimbrachten von der beschwerlichen Fahrt. Aber für die Walddörfler wars gleichsam ein Festtag, wann der Erlös im Pfarrhaus vertheilet wurde. Da gabe es wie auf die Ostertäg statt Schwartzbrot Hippen, und das junge Volk tantzete vor der Kirch, und achteten nit viel darauff, wann auch der Wind kalt vom Walde herfegete.

Als ich nach fleißiger Arbeit das Studium der Theologia in Wittenberg absolviret und war ordiniret worden, da war mein Kopf noch voll Raupen. Ich dünkete mich daher als so wohlstudirter und kluger Mann capabel für einen Hoffprädikanten bey einem Kurfürsten. Aber GOtt hatte mir doch auch genugsam Gripps gegeben, daß ich erkannte, das wäre anderer Leute Sach. Ich konnt nit mein Red aufputzen mit Blümlein und mit hochgelahrten Exkursen, wie es auch noch jetzo im Schwang ist; auch vermocht ich nit am Wort GOttes zu schnitzeln und zu deuteln, damit es den Großen und den Schranzen eingehe wie süße Honigfladen. Denn kommt der HErr auch wie der sanfte Wind, so hat er doch auch Löwenstimm und Löwenkraft. Und Schand über den Diener des Worts, so da immer nur säuselt und süßelt damit er den Leuten gefalle und das strenge Wort der Schrifft nit waget zu sagen um irdischen Lohns willen. Der ist viel schlechter als wie der ärgste Meßpfaff.

Den satten Leuten, die da im Fett des irdischen Wohlseyns sitzen und sich des HErrn nur an den Sonntägen, aus Galanterie erinnern, ist leichtlich predigen, wenn man nur ein kommodes Christentum prediget. Sie sitzen dann breit in denen Kirchstühlen, und ihr Gott ist ein guter Mann, und seynd gäntzlich zufrieden mit ihrer Sach. Wenn hierogegen der Pfarr auf eine alte Holzkantzel in einem kleinen armen Kirchlein tritt und er hinunterblicket auf seine Seelen, die da seuffzen unter des Lebens Kümmernuß, und er siehet die alten

Männlein und Weiblein, deren Händ vor Arbeit verkrummet, und die Finger vor Gicht verqueret seynd; und er siehet die Augen, die ängstlich ruffen: Tröst uns, Pfarr – das ist ein ander Ding. Da seynd ausgeputzte, wohlgezierte Sätz nichts nutze. Und als ich das sahe, ward mein hoffärthiger Kopff des Bessern belehret und im Herzen die Liebe erwecket. Und sie machte lebendig den Glauben und die Hoffnung. Und sie lehrte mich erkennen den geheimen Sinn der Heiligen Schrifft. Und so hat mir der HErr geholffen predigen: sänftiglich, wie Sein Geist kam auf dem Berge, zu den Armen und Leidenden, aber auch mit Löwenstimm zu denen, so da dem bösen Gelust des Hertzens dienten. Und ich sahe, daß mein Wort gesegnet war von GOtt. Und also wie ich meine Seelen liebete, gleichermaßen liebeten sie mich. Und ich nahm mir vor, daß ich wollte ihnen treu seyn bis ans End, und bey ihnen bleiben in alle Fährnuß, wie es der Wille des HErrn bestimmte. Und dieweil mein treues Ehweib ein gar warm Gemüth besaße, mich unterstützete und zu den Kranken und Bresthaften ginge und sie pflegete mit Salben und Träncklein und sie tröstete fröhlichen Hertzens, so wurden wir ein Leib und ein Seel mit denen Schäfflein, so mir der HErr zu weiden anvertrauet.

Im ersten Jahr unserer Ehe ward uns ein Mägdlein geboren, am Sonntage Orate*, und im nächsten ein Knäblein, ein gar heikel zart Gewächs im Garten GOttes, gerade am selbigen Tage, wo hiebevor D. Martinus zum Heyl der Christenheit das Licht der Sonne erblicket. Derohalben ward das Kindlein unter dem Namen Martinus dem Schutz des Himmels anempfohlen. Wir danckten dem HErrn gar freudig auch für das schwächliche Kindlein.

Und so legte sich Tag zum Tag, und gingen einige Jahre dahin. Meine Wäldler arbeiteten auf ihren Feldern und hechelten ihren Flachs und webten und thaten die Hanthirung je nach der Zeit; ich arbeitete in meinem Amt, tauffete die Kindlein, copulirte**, die in den Ehstand gingen, und halff die Todten begraben. Aber ich must auch mit meinem Knecht wie ein Bauer das Pfarrland bestellen, und Pflug führen und Egge,

* Betet
** zusammenführen

und einfahren, was da der HErr bescheerte. Draußt in der Welt stapfte derweilen die Kriegsfuri mit eisernen Sohlen Städt und Mensch in den Boden. Wir hörten nit offt von den Greueln, wann nicht einer von unseren Jungmannen eine »Newe Zeittung« oder ein fliegend Blatt von seinen Fahrten mitbrachte. Da kamen sie in die Pfarr, und ich must ihnen vorlesen von Mordt und Brandt, von Streitt-Händeln, und was sonsten das Blatt enthielte. Und wann mir auch das Hertze bis zum Halse hinaufschlug bey alle dem Jammer, so mußte ich doch dem HErrn danken, daß er meine Seelen noch nit so erschröcklich heimgesucht, und ich betete, daß Er ihnen möge das Leid ersparen.

Nur einmal nahete sich der Krieg absonderlicher Gestalt. In Walddorf lebte ein arm verhutzelt Weiblein, eine Wittib. Sie hatte hiebevor einen Sohn gehabt, so wahrhafftig vom Teuffel besessen war, ein Außbundt aller Boßheit, der soff, fluchete und allen Schürtzen nachliefe. Zuletzt ware er vor zehen Jahren fortgeloffen. Man hielte ihn vor todt, und es war keiner, so da ihm nachgeweynt hätte. Nur die Mutter wollte nit gläuben, daß ihr Kindt todt könne seyn.

Und wann unsere Jungmannen von der Kauff-Fahrt zurückekehrten, lieffe sie von eim zum anderen und fragete: »Hastu nit mein Hanns gesehn?« Und wann dann alle es verneyneten oder gar mit ihr Bossen trieben, so gienge sie weynende fort, sagete aber immer: Mein Hanns wird kommen, ja, als Feldhaubtmann oder gar Obrist und er wird mir güldene Batzen bringen, ein Sack voll, und tafftene Röck und Marderpelz! Und dann ward sie wieder für ein paar Täg gar guter Ding. Ein Mutter-Hertz ist eine absonderliche Sach. Und wann das Weiblein mich fragte: »Gelt, Pfarr, mein Hanns kommt?« – alsdann vermocht ich nimmer, es zu verneynen, und vertröstete sie mit Ja Ja.

Und eines Tags ist er kommen. Aber war nit Feldhaubtmann, gleichermaßen nit Obrist und bracht auch nit Dublonen und Seyden-Taffet mit. War nur ein Soldknecht mit arg zerrissenem Wamms und einer zerbeulten Eisen-Haube und ohne Spieß oder Wehrgehänck, ein halb todter Mann mit wüstem Gesicht und einer Karfunkelnas von allerhand Gesöff, das er in sich geschüttet, wann ers fande. Undt der legete sich nun zu seiner Mutter, die nichts hatte zum Brocken und Beissen. Die aber humpelte von Hauß zu Hauß und dachte nun gar nit an die Goldfüchs und an den Feldhaubtmann, sondern freuete sich und glänzete über das gantze Gesichte und schriee: »Mein Hanns ist wieder heim!« Und die guten Leutt gaben ihr Speiß und Tranck, wann ihnen auch der Gesell weiter kein gaudium bereitete, ja er manchen recht unheimlich schiene und sie ihn gerne ins Pfefferland wünscheten.

Mein Weib ginge hin, da seine Bein blutrünstig geloffen waren und ein ekelhafter Ausschlag ihm den ganzen Leib überzoge. Um Christi willen wusch und salbete sie ihn. – Ich aber dacht: des Hanns Seel ist wohl noch mehr aussätzig, denn der Leib. Und so ginge ich denn zu ihm und wollt ihn vorbereiten für das letzte Stündlein. Aber er mich sahe, da schwoll der Unflath in seinem Hertzen und übergab sich durch das Maul. So gräuliche, gotteslästerliche Flüch hab ich mein Lebtag nit gehöret. Er rühmte sich unter Potz-Blitz und Potz-Fickerment und unter Anruffung des Teuffels aller schändlicher Laster, die er getrieben, und verhöhnete mich: Hol Dich der Teuffel, du Pfaffe, ansonsten trill und schlag ich dich, daß du

Blut speyest! Mit dergleichen un-christlichen Reden erfüllete er meine Ohren. Als ich das sahe, »Mein lieber Bruder in Christo« sagte ich, »michkannstu verschimpfiren, wie Du willst. Aber gedenke, wie es drüben gehen wird, und versöhne Dich mit Deinem GOtte!« Was er darauff an lästerlicher Rede von sich gegeben, dessen sträubt sich die Feder, es zu verzeichnen. Er verfluchte auch seine Mutter, das arm Weiblein, so da auf einem Stuhl neben ihm saße und auch jetzo nichts als liebesreiche WOrt für ihn hatt und jeweilen, wann er GOtt lästerte, schrie: »Gott-gott, verzeih dem Hanns! Er ist krank und weiß nit was er saget.«

Da machte der Todt ein End. Das Gesicht verblassete; er hieb um sich, focht mit den Händen in der Luft, dann ächzete er und fiel zurück und war dahin. GOtt rechne nicht mit seiner Sünd und hab Gnad mit seiner Seel um der armen Mutter willen!

So endete die Sach. Ich aber war sehr bedrücket. Mir schiene dieses Ereignuß gleichermaßen ein exemplum. Wie viele sothane Hannsen mögen wohl in Deutsch-Land herumlaufen? Wann aber solch gottesverlorene Art sich ausbreitete, wie viel Elend und Verdammnuß macht sich dann breit in denen Landen! Was kann eins Mannes Krafft in solchen Zeitläufften! Da schwor ich mir von neu, über meinen Seelen zu wachen als ein guter Hirt und nimmer zu weichen, auch wann Mordt und Brandt einmal biß in unsere Einsamkeit sich eindrängeten.

Und wieder verginge ein Jahr. In der Sommerszeit dehnte sich der blaue Himmel über unsere Thäler, und es gab reiche Fülle auf den Feldern. Wann dann die Vögelein in der Lufft und im Wald dem HErren ihre lieblichen Melodeyen darbrachten zu Danck und Preiß, da wars gleichermaßen, als gäbs kein Unheil und kein Krieg auf der Erd. Meine zwei Kindlein, auch Martinus, wenn er auch ein zart Blümlein war, gediehen und guckten mit den blauen Augen ihrer Mutter mich gar fröhlich an. Und ginge die liebe Sonne zur Rüst und entzündeten sich die ersten Sternlein, dann saße ich öffters bey offenem Fenster in meiner Stuben und laß in geistlichen und weltlichen autoribus, oder hörete zu, wie meine Kindlein pappelten, was ihnen grad durch den Kopf ginge. Und dann faltete ich ihre Handlein und sie beteten das Vater-Unser. Und schauten so fromm, daß der HErr sicherlich sich darob freuete.

Hatt ich auch nit Reichthum und groß Ehr, so war mein Hertze dem ohngeachtet voll Danck. Und immer wieder sagete ich mir: Carole, dank Deinem HErrn und schenk Deine Krafft Deinen Seelen, alldieweil Du anderst nit Danck erweisen kannst, als daß Du sie liebtest und thust, was Er Dir gebietet.

Wann am Himmel schwarz Gewölck aufziehet und der Wind anhebet zu blasen, dann mercket der Mensch, daß ein Wetter kommen will. Und er schließt die Laden und löschet das Feuer auf dem offenen Heerd, damit kein Unheil entstehet. Dann befehlet er GOtt sein Hab und den Leib und wartet auf den ersten Blitz und Donnerschlag.

Auch im Leben kommen oft Wetterzeichen und verkündigen, daß Unheil nahet. Dann ist es zu Nutz und Frommen, wann der Mensch die Laden des Hertzens schließet und verlöschet alles unheilige Feuer des Zornes, des Hasses und Neides, des Hochmuths und der Begier nach Schätzen, die die Motten fressen. Denn so sich eine Seel an Irdisches anklammert, verlieret sie alle

Kräffte und vermag nit das Wasser auszuhalten, dieweil sie unruhig ist. Nur ein Feuer soll da brennen, so da leuchtet aber nit zündet. Das ist das Licht des Glaubens an den Vater, ohne deß Wissen kein Häärlein vom Haubt fallet. Dann ist die Seel gerüstet, sprechende: »Nun kann das bös Wetter kommen! Mein Hertz ist verwahret und ich forchte nichts, wasmaßen mein Haus stehet auf dem Fels, den alle Macht der Höllen nimmer umstürzen kann.«
Offten aber kommt das Wetter ohnangemeldt und schicket nicht hiebevor kleine schwartze Wölcklein als Bothen und Verwarner. Also auch im Leben. Ohnvermuthet kömbt dann der Blitz aus dem Blauen und werffet Feuer in alles, was wir gebauet. Solchermaßen ist es uns ergangen in dem stillen Walddorf. Und doch schien es mir späterhin, als seye ich nur blind gewest, und als seye der unglückselige Hanns doch schon so ein Sturmwölcklein gewest, deß wir alle nit geacht. Und also ist es kommen: Es war die Zeit im Erntemonat und auff dem Feld stunden schon die gebundenen Roggen-Männlein und alle Händ rühreten sich ämsiglich, den Seegen zu bergen in die Scheunen. Auch

ich muste mit meinem Knecht an die Arbeit. Das Pfarrland war sehr zerstücket und der Theil, worauf sich der Roggen befande, lage im zweitnächsten Thal, dortten, wo die Dorfmark endete, mehr denn als zwo gutte Stund von Walddorf, wo man es »Bey den Buchen« nennete. Es war ein gantz stilles Flecklein. Von Walddorf sahe man nichts; selbsten wann die Glock der Kirch läutete, konnte man nichts als jezuweilen einen Klang vernehmen, dieweil der Wald den Ton einschluckte.

Ehbevor ich und mein Knecht abfuhren, rannte mein Knäblein herbey und bettelte so dringlich: »Herr Vater, nimm mich mit«, daß ichs ihm nicht abschlagen wollt. Unsere Hausmutter versahe uns mit Brodt, Käs und Wurst und gab auch fürs Kindlein Milch und für uns Beerwein mit. So verproviantiert zogen wir gleichsam als friedliche Kriegsleute ins Feld; der alte Schimmel voran, auf dem Wagen saße das Knäblein und war gutter Ding; ich und der Knecht gingen daneben.

Und dann gings an die Arbeit. Der kleine Martinus suchte sich Blümlein am Rain und Beeren, trank, aß und spielte und schlieffe.

Und als die Mittagsonn uns gar kräfftiglich auf Kopff und Rücken brannte, da legten ich und der Knecht uns unter die Buchen und rasteten. Mein Kindlein hatte das Haubt auff mein Schooß geleget und schlieffe. Ich aber sahe auff ihn, auff sein fein Gesichtlein mit den goldnen Häärlein und den blassen Wangen. Und da sinnirte ich mancherley. Wirstu, so sagte mein Seel zu dem Martino, einstmalen ein starker Mann werden? Bistu nicht zu fein für solche Zeitläuffte? Was wirstu mit Deinen Augen, die da sänftiglich schauen als wie die von einem Mägdlein, in Deim Leben noch sehen müssen? Da packte mein Herz jählinge Angst. Ich verwies es mir. Der HErr, der für Gräser und Thier sorget, wird auch sorgen für den Martinum unzweifflich. Aber da stande vor mir der Hanns der alten Wittib, dem die gräulichen Flüch aus dem Mund quollen. Hat der HErr auch für den gesorget? Oder hat er ihn schon von Anbeginn für die Krallen des Teuffels prädestiniret*? Und ist nicht der verluderte versoffene Hanns auch einmal so ein unschuldiges Kindlein gewest, wie der da

* vorausbestimmt

schlieffe auf meim Schooß? Wie schwach seynd Vater und Mutter! Und wanngleich sie liebeten ihre Kindlein noch so inniglich, ist alles umsunst, wann nicht der HErr sein Händ haltet über ihnen. Und ich sagete mir: Carole, sey nicht ein zweiffelsüchtiger Thor. Vertrau GOtt, Er wirds gut machen. Unter bemeldeten Gedanken schlieffe ich endlich steinhart ein.

Und ich träumte. Es ist mir gewest, als ob ich durch lange Straßen ginge. Die Sonne brannte vom Himmel und ich zog den Rock aus und nahm die Mütz ab. Aber es wurde mir nit kühler, sondern ganz ohnerträglich. Und siehe: Da sahe ich, daß vor mir eine große Kirch von Feuer gäntzlich eingehüllet war. Und die Leut erhuben groß Wehklagen, ein Mann aber lieff nach dem Glockenthurm, und jetzo erscholl ein Läuten, so stark, daß ich aus dem Schlaff wie entsatzet auffuhr. Ich muß wohl lang geruhet haben, dieweil die Sonne schon tiefstand und mir ins Gesicht schien. Am Endt des Felds arbeitete der Knecht, und um ihn sprang der Martinus ohnermüdet herum. Aber mir ware seltzsam schwer zu Muth und ich mußt gählings an mein Weib und Kind denken, ob ihnen nit gar was Übles geschehen seye oder in Walddorf ein Feuer ausgebrochen. Und ich ruffte zum Knecht: »Hastu etwan die Glock anschlagen hören?« »Nein Herr Pfarrer, ich hab nichts gehört.« Solchergestalt beruhigt, ging ich, um zu helfen. Der Wagen war voll vom Seegen, so daß der Knecht vermeynete, es seye genug, dieweil ansonsten das Rößlein ihn nicht nach Hause bringen könnte.

Es war ein schwer Stück Arbeit auf dem engen Weg und ich und der Knecht mußten uns offt kräftiglich stemmen, wann etwa ein Rad sich ins Erdreich eingeklemmt hatte. Auch mein Martinus legte die Händlein an den Radreif und war gar stoltz auf seyne Krafft, wanns wieder vorwärts ginge. Und so waren wir halbwegs. Es dämmerte. Da auf einmal sahe ich einen Mann, der schrie und uns entgegenlieffe.

Da ergriff mich Angst; ich wußt: Ein groß Unheil ist gekommen. Und ich zitterte an Seel und Leib gleichermaßen. Aber ich faltete die Händ und sendete ein Stoßgebetlein um Krafft zum HErren.

Unterwährenddem kam der Mann, als welchen ich den dicken Jobst erkennete, gantz herangeloffen. Sein Wamms war zerfetzet und auf seiner Stirn war die Haut blutrünstig.

»Pfarr!« schrie er, aber sonsten nichts, dieweil es ihm die Stimm verschluge und er nur mühselig athmete.

»Jobst« sagte ich und fassete seine Händ, »sprich um des HErren Christi willen, was hat sich Erschröckliches begeben?« Die Händ aber waren ganz kalt und er bebete, gleichwie im Fieber. Und dann würgete er ohnverständliche Worte und sahe mir nit in die Augen, sondern wie ängstlich an mir vorbey.

Nit wuste ich, was geschehen, aber ich wuste, daß es Böses seye. Und daß ich anjetzo stehn müsse vor meine Seelen, damit sie mir nit verzageten. Und ich strackte mich und sagete mit ruhiger Stimme: »Jobst«, sagete ich, »wenn auch groß Unheyl geschehen, es kömbt vom HErren. Und Er lasset uns sincken, aber nit ertrincken. Sprich!«

»Geht, lauft, Herr Pfarr – nach Walddorf –« weiter bracht er nichts herfür, denn er verblaßte und schlug der Länge nach hin wie ein Klotz, und Blut floß aus seinem Munde. Dann aber zuckte sein Leib, und schließlich strackete er sich, wie einer so einen langen Schlaf vor hat; das Gesicht erblich und die Augen wurden wie Glas. Ich beugete mich nieder und griffe nach der Hand – »Jobst, Jobst« rieffe ich mit lauter Stimm, – aber sein Seel war schon entschlüpfet dorthin, wo Menschenstimm nit mehr hin kann. Gott seye Dir ein gnädiger Richter.

Und ich erhub mich, nachdem ich ein klein Gebet gesprochen, und rieff dem Knecht, daß er für Martinum sorge, und dann begab ich mich ins Lauffen. War mir als sei einer hinten mit einer Geißel, so mich antreibe. Und so ging es über Feld durch das Birckenwäldlein, und je näher ich dem Walddorf kam, desto wilder schluge mir das Hertze. Nit etwann bloß vom Lauffen, nein, vor einer Angst, so da sich hob höher und höher und wuchs wie Wolken vorm Unwetter größer und größer. Und war nichts in mir denn Finsternuß und in ihr nur wie ein Unhold mit Augen wie Feuerräder, die sich dreheten und mein geängstigte Seel anglotzten, daß ich hätt schreien mögen vor Furcht. Konnt aber nit. Und nun beim ersten Hüttlein – und davor ein alt Weib, hingestrecket, mit gespaltenen Kopf – und dann auf der Straßen ein Jungmann, blaß und tot, dem noch Blut aus den Wamms tropfete – und dann ein fahrender Gesell, dem der Schädel zerschlagen war und ein Aug hing aus der Höhl und – noch weiter – unschuldige Kindlein, die Glieder zerhauen, zerstochen! Und ich lieffe als müßt ich der Höllen entkommen. Und immer mehr Leichen, Freund und Feind, alt und jung und dann – ich war an der Kirch –, dann schreiende, klagende Weiber, weynende Kindlein, fluchende Männer in einem Hauff. Einer aber hatte mich gesehen: »der Pfarr!« schriee er und noch einmal »der Pfarr!« Und da geschahe es, daß alle verstummten, als wär ihnen die Stimm verschlagen, und nur ein Murmeln kam zu mir und ich ersahe gerungene Hände zum Himmel gestrecket, als wolleten sie GOtt ruffen zum Zeugen. Und eine Gassen öffnete sich vor mir. Und ich wollt fragen, ruffen, schreien, denn es stiege auff vor mir wie eine Sterbensangst – aber ich konnt nit – und ich ginge vorwärts zur Thüre, die zur Pfarr führte, ginge als ein Trunkener und da – HErr, du mein GOtt, lang ist's her, aber mein altes Hertz bebet noch wann ich es schreibe: mit blutendem Angesicht lag da mein Weib – und drüber, ein bleich Röslein, mein liebes Kindlein – erschlagen beide. Da schrie etwas in mir herauff aus dem Brunnquell des Lebens, weiß aber nit, ob es die Leut so gehöret, wie ich selbsten – dann fiel ich wie ein gefällter Baum über Weib und Kind und die Sinnen vergiengen mir.

Die Leute labten und besprengten mich mit Wasser, bis ich die Augen aufschluge. Ich sahe erstlich nichts, und hatte in den Ohren nur ein Windbrausen; dann hörte ichs, gleichsam als schluchtzete alles um mich.

War auch so, denn die Weiber klagten und weinten, worüber ich mich gar wunderte, alldieweilen mein Kopf noch gäntzlich benommen war. Und ich hörete mich selbsten innerlich fragen: »Warum klagen meine armen Seelen solchermaßen? Du mußt sie trösten, Carole!« Und anheben wollt ich zu sprechen, aber die Kehl war mir sonderlich geschwollen und kein Wort konnt ich finden. Da schauete ich umher und sahe, wie mich bleiche Gesichter todtängstlich anstarrten, und hörte, wie alles Seufzten, Klagen jählings verstummete. Ich wollte mich aufrecken, da verspürte ich, daß mich zwo Männer hielten, damit ich nicht stürtzete. Ich wußt aber nit warum; sänftiglich machte ich mich frei und wandte das Antlitz. Da aber zerrissen die Wolcken, so meinen Geist verdunckelten, meine Augen schaueten wieder die erschröckliche Wahrheit: hingeschlachtet lagen da meine Hausehr, meines Hertzens Zier und das Blümlein, das so lieblich dem Himmel entgegenwuchs, eine Freude für GOtt und die Menschen. Und unterwährenddem ich hinunterstarrete und meine Glieder zitterten, erhub sich Sturm in meiner Seel. Ich krampft die Händ ineinander, ich wollt schreien, wie ein wildes Gethier, so den Pfeil des Jägers empfangen hat. Aber da kams als spräche der HErre zu mir: »Carole, mein Knecht« also sprach er, »sink nit zusamm und brich nit wie ein schwaches Rohr! Sey stark, damit Deine Seelen sich aufrichten an Deiner Krafft. Wann der Hirt fällt, was soll dann die Heerde? Sei stark, ich bin bey Dir!«

Und also angerufen nahm ich allen Willen zusammen; ich stellete mich vor meine Todten, breitete die Hände über sie, sprechende: »HErre, Dein Wille geschehe gleichermaßen, ob er Liebes schicke oder Leides. Der HErr hats gegeben, der HErr hats genommen, der Namen des HErren sey gepreist ewiglich. Amen!«

Wohl wiederholten meine Schäfflein das Amen, aber ich sahe, daß nur ihre Lippen es nachlalleten, aber die Augen blieben trübe oder trutziglich, denn noch zitterten alle Hertzen ob des Schlages, der sie so jählings getroffen, und konnten es nicht fassen. Ich aber erschrack, denn auch in meiner Seele wollt sich schwartz aufheben der Trutz, der da widerbellt. Ich habe ihn geduckt mit harter Faust, daß er sich nit erhebe. Und ich nahm mein Weib vom Boden auff in meine Arm, um sie in unser Haus zu tragen. Ein Haus der Freude wars gewest, ein Haus des Unheils war es jetzo. Und da ich ihr Haupt an meiner Brust bettete, fiele es zurück auf die Schulter und die Augen, so da eine mitleidige Hand ihr zugetan, wurden offen. Aber nit die Lieb schaute heraus, nur der starre Todt. Und ich schauerte durch das Gebein und dann gings über meinen Leib wie Feuer und ich wollt schreien vor Leid. Aber ich biß die Zähne zusammen und hört wieder die Stimme: »Sei starck Carole, ich, der HErre dein Gott bin bey dir!« Ich wendete mich und sagte zu den Weibern: »Nehmt mein Kindlein!«

So überschritten wir die Schwelle, wo ich bey Aufgang der Sonnen heut Abschied genommen von Weib und Töchterlein. Und also haben sie mich gen Abend empfangen!

War mir, wie noch niemalen nit in meim gantzen Leben, als hätt ich zwey Menschen in meim Hertzen. Der eine war wie zerschlagen vom Hammer GOttes, ein armer Gesell, so es nit fassen kunnte, daß Weib und Kind ihm waren genommen in so erschröcklicher Weis. Der Mensch schriee in seiner Seel und klagete, hatt aber keine Wort für seine Schmertzen. Da ware aber noch ein Mensch, der wußt nichts vom anderen, gleichwie als seye der ein gantz frembder, so ihn nichts angienge. Und der zweite sagte sich nur: »Was soll ich thun für meine armen elendigen Seelen, daß sie mir nit in schwartze Verzweiffelung störtzen?«

So schweigete ich die klagenden Weiblein und Männer, so mir berichten wollten, wie alles arrivieret*, sprechende: »Ihr Leute,

* wie alles gekommen sei

meine lieben Seelen« sagete ich, »das hat Zeit. Anjetzo leget nur die zwo in ein weiß Leilach und betet ein Stoßgebetlein für sie. Sodann aber gehet heim und sehet nach dem rechten. Ich komm zu allen, die Leides tragen.«

Ich aber lieffe zuvörderst entgegen meinem Knecht und dem Martino. Nit wollt ich, daß das Knäblein schaue die Erschlagenen auf der Straßen und seine todte Mutter und das Geschwister. Ich fande sie eine Wegstreck vor dem Walddorf. Mein Martinus wankte schlafftrunken einher. Ich nahme ihn auf meinem Arm, da warf er den Kopf auf meine Schulter, lächelte noch sagende: »Lieber Herr Vatter!« und schlieffe allsogleich. Da wollt der eine Mensch in mir wiederum schreien vor arger Hertzensnoth, aber ich schweigete ihn mit harttem Wort. Dann sagete ich dem Knecht: »Es seynd verloffene Kriegsleut ins Dorf einbrochen. Seynd wohl verjaget worden, haben aber Unheil gestifftet.« Von Weib und Kind konnt ich kein Wörtlein sagen. Anjetzo truge ich meinen Martinum hinten am Rain am Freithof vorüber in die Pfarr und in ein Gelaß, das meine Hausehr für irgend einen

Krancken oder einen verirrten Wanderer hergerichtet hatte. Dort bettete ich sänfftiglich mein schlaffendes Kind. Und als ich so auf sein blasses Gesichtlein sahe, da wollts mich gählings wieder überkommen; war mir als würgete eine Hand meinen Hals und der Odem stockte. Da aber erhub sich wieder die andere Stimm, sprechende: »Carole, viel von Deinen Seelen hat die Hand GOttes gar hartt getroffen mit Leid. Du wärst ein übeler Hirt, so Du in eigener Betrübnis ihrer vergässest!« So segnete ich ohne Wort meinen Martinum und ginge sacht hinaus. Aber ehebevor ich mein Haus verließe, strackte ich mich, wasmaaßen ich wußt, daß ich nun einen schweren Gang gehe. Konnt ja nit Wunden und schwers Gebrest mit eim Sprüchlein heilen, hatt nichts mit zu bringen als das Wort GOttes und meine Liebe zu meinen armen Seelen.

So ginge ich von Häußlein zu Häußlein. Was da meine Augen sahen und meine Ohren höreten an Elend und Verzweifflung, wahrlich, ich hätte jezuweilen gewünscht, blind und taub zu seyn. Aber ich verwiese mir den gott- und lieblosen Gedanken allsobald. Denn wer sollt trösten meine Seelen, wann nit ich? Hatt ich nit dem HErrn zugeschworen, bey ihnen zu verharren auch in der Bitternuß?

Erschröckliches sah ich nun. In dem einen Hüttlein lag der Vater erschlagen; sein Antlitz war nit mehr zu erkennen, denn so blutrünstig und unterloffen war es, Mutter und Kinder jammerten. Und in einer anderen gabe es Heulen, dieweil die Kriegsknecht Mutter oder Sohn zu Tod gebracht; wiederum in einem hatten die gottlosen Landstörtzer*ein kaum mannbares Mägdelein, so ich vor kurtzem Gott geweihet, in viehischer Brunst so mißhandelt, daß meine Feder sich entsatzet es aufzuschreiben. Obbemeldetes Mägdelein lage in einer Eck auf dem Stroh und wimmerte, die Mutter saße dabei und stierte wie unsinnig auff den Boden, der Vater aber, so auch auf der Stirn eine Wunde trug, stapffte im Gelaß umher, strackte die Fäuste zum Himmel und redete, was ich nit verstand. So wanderte ich von einem zum anderen biß zum letzten. Unter den rudera des zerschmissenen Webestuhls lage der Vater, im Flur hockten die drei

* Landstreicher

Kindlein, so ängstiglich wie verloffene Küchlein, so umsonst die Glucke suchen, während der Habicht über ihnen schreiet. Nur das jüngste schlieffe, war noch zu klein und derohalben sonder Furcht und Zagen. Und inwährenddem ich die Waisen sahe, mußt ich an den Martinum denken. Wie, wenn im Buch des Lebens geschrieben stünde, daß in diesen unsäligen Zeitläufften eine Kugel mich treffen, ein Spieß mich durchbohren soll? Ich verscheuchte die Gedanken, nahm das schlaffende Kind auff den Arm und hieße die anderen mir folgen. Und ich bat eine Nachbarin, an deren Hütte der Würgengel vorbeigegangen, daß sie indessen die Waisen in christlicher Liebe bey sich hege. Sodann aber holte ich mir genugsam Männer und wir trugen die Leichen aus den Straßen, Freund und Feind, nach dem Freithof. So war getan, was die Stund kommandierte.

Als ich die steinernen Stuffen zur Pfarr hinaufstiege, glitzerten schon die Himmelslichter, und es schiene der Mond also friedlich, gleichsam als seye die Erd ein Paradeiss. Der Schlaff ging schon von Thür zu Thür und sagte seine Zaubersprüchlein, damit er den Jammer für Stunden schweigete. Aber nit trat er mit mir in mein Todten-Hauß. Finsternuß und Stille war in dem Flur, gleichsam als seye es der Eingang zum orcus*, wie ihn die alten authores der vormaligen Griechen abschilderten. Ich schlug Feuer und zündete ein Lämplein an. Vor dem Gelaß, wo mein Hertzens-Trost und mein Mägdelein so hart schlieffen, daß kein irdisch Gelärm sie hätte wecken mögen, verhielt ich die Schritte und stand still. Nun sahe mich nit eine von meinen Seelen, niemand hatt ich zu trösten, denn mich selbsten. Und ich fühlte, ich konnts nit. Ich zitterte an allen Gliedmaßen gleich einer Espe, die der Wind mit harter Faust zauset. Und wollt ein Stoßgebet sprechen, den HErrn um Krafft anruffen in meiner Bedrängnuß, aber ich hatt nit ein Wort. Und verstummet war die Stimme, so mir noch kurtz ehebevor Muth und Stärcke zugesprochen hatt. Als ich eintrate, war ich nichts denn die zerschlagene Creatur. Aus dem Dunkel des Gelasses schimmerte es weiß: auf einer Bettstatt lagen in linnene Lacken gehüllet,

* Gott des Todes und der Unterwelt

die zwo, so einstens mein waren, nun aber des Todes. Ich stellt die Lampe auf den Tisch. Dann stand ich mit verkrampften Händen am Fußende der Liegerstatt. Itzo war ich nit der Pfarrherr, der sich vor GOtt seinen Seelen geweihet; und nit der Tröster und Zusprecher, nit einmal der Christ, den das Blut des HErrn Jesu erlöset. War nur der nackte Mensch in seiner Verzweiffelung und das hier waren mein Weib und mein Kind. Und gählings mußte ich gedencken des Tages, wo die reine Fraue unter Schmertzen mir das Mägdelein geboren in dem nämlichten Gelaß, auf demselbigen Bett.

Da brach aus mir die eine Stimme gantz allein, die klagende, die verzweiffelte, so nichts wußte von Tröstung und sonderlich nichts von Ergebung in des HErren Rathschluß. Ich dacht nit der anderen Seelen, nur an meinem Schmertz, als seye er der eintzige und größeste. »Warum, warum!« schriee die Stimme. »Was hab ich gesündigt, daß mir der Tod diese genommen? Was hat das Weib, so allen war wie ein Engel, böses gethan, daß sie so erschröcklich um ihr Leben gekommen? Und was mein unschuldiges Mägdelein?« Zerbrochen waren die Mauern meiner Krafft; ein Thränenstrom ergosse sich aus meinen Augenhöhlen, und ich jammerte laut, daß ich selbsten vor der Stimm erschracke, als seye sie nit die meinige. »HErre, HErre!« rieffe ich; wollt beten, aber hatt nit ein einzig armsälig Wörtlein. Also wann ein Berg Feuer ausspeiet und Staub und Aschen, und um sich alles, was da blühete und sprossete, ersticket, also war auch ersticket in mir alle Hoffnung und der gantze Glauben. Und so ich mich wollt entsinnen kräfftiger Sprüch aus dem Heiligen Evangelio, auch sie waren von der Aschen todt gemacht. Nichts sahe ich als mein Elend und nichts redete in mir denn die Stimm, so da wiederbellt gegen GOtt und hart abwies, den Kelch der Schmertzen zu leeren. Ich fiel auf die Kniee und mein Haupt lage auf dem Bettpfosten. Und dann ware es also als ob ich gar nichts dencken konnt und meine Augen schaueten in einen schwartzen Abgrund. Weiß nit, wie lang ich so lage – gählings wachte ich auff. Aber nit um etwan was zu dencken; mich überfiel nur Hunger, so wild, als wie ich es noch niemalen im gantzen Leben erfahren. Ich lieffe nach der Kammer und schlang dorten in mich ein groß Trumm Brodt wie ein gieriger Hund, an nichts anderes denkend, denn an die Stillung meiner Gier. Da fiel mir mein Martinus bey. Ich füllte Milch in ein irdenes Gefäß und schritt in sein Gelaß; aber das Knäblein schlieffe. So holte ich die Heilige Schrifft und schlug auff, was da im alten Bunde vermeldet wird vom Hiob. Aber mein Sinn war mit hundert Riegeln verschlossen und ich fand nit Trost noch Antwort auff die Fragen, die mich bedrängeten. Zermürbet in meiner armen Seelen legte ich das heilige Buch hin, so mich ansonsten auffgerichtet, dann verfiele ich in Schlaff.

Was sich anhero in die nächsten Täg begab, das ist heut nur mehr wirr in meinem Gedächtnuß aufbewahret. Wir legten in die Erden, was da von der Erden war gekommen, Staub zu Staub, Freund und Feind, auch meine zwo Seelen. Nit weiß ich, was ich da gesprochen mitten unter denen, so da laut oder still wehklagten, weiß nur, daß mir die Worte gar schwer vom Mund kamen, inwährenddem mein Hertze nit mitsprache. Weiß auch nimmer, wie mein Martinus es aufgenommen, daß Mutter und Schwester aus dieser Zeitlichkeit fortgegangen. Ein Weiblein, daß gäntzlich allein hausete, kam zu uns in die Pfarr und nahm sich der Wirthschafft und des Knäbleins mit Lieb und löblichem Eifer an. Aber ich befande mich in meiner Seel wie in der Wildnuß. War etwas in ihr zerstöhret und zerbrochen. Ehebevor war mir schon der Morgen lieblich gewest, gantz in Helligkeit gesenket, wann ich mein Weib und meine Kindlein sah und hörte. Den Tag über war alles Thun, mocht es auch nit Freud machen, leicht. Und wann die Nacht kame und wir uns GOttes Huth empfahlen, war das Hertze so bis zum Rand mit Dankbarkeit erfüllet, daß es im Gebet überfloß. Nun aber konnt ich den Weg zum HErren nit finden, gleichsam als seye die Thür zu Ihm verrammelt mit schweren Balken. Alle Gebete waren mir wie Geläut von Schellen, wie sie die Leut in der Faselnacht an den zerschnittenen Narrenkleidern tragen. Also war ich geblendet, daß mein Hertze nit mehr glaubte an GOttes Liebe.

Ich hatt nur einen Fels anjetzo in mir: den Gedancken an meine Seelen. Mochte mich der HErre bestimmt haben zur Verdammnuß, davon wollt ich nit weichen noch wanken. Und wann er hinuntersahe, so mocht sein Auge sehen, daß sein Knecht dienete den Nächsten bis zum letzten Odem.

Die Kranken und Bresthaften habe ich gepfleget, hab ihnen gelesen aus der Schrifft, was sie hören mochten. Zuvörderst sorgete ich um ihr irdisches Wohl. Dieweil zu beforchten war, daß der Rest der verjagten Marodebrüder* mit anderen wiederkäme, Rache zu nehmen mit Blut und Brandt, so richtete ich aus den Mannsleuten eine Rotte, so da Tag wie Nacht an den Wegen zum Walddorf Guardia hielten, damit uns der bös Feind nit überfalle wie der Wolff die Schäfflein. Der Schmied schärfte Sensen, er schluge Nägel in Dreschflegel und Holzkeulen. Wer da nach dem Feld gienge, einzufechsen die Ernte, die im bemeldeten Jahr überreich ware, auch der nahme ein Trutzwaffen mit. Aber im selbigen Jahr ist der Frieden ohngestöret blieben. Wir konnten Korn, Rübsen, Flachs, Hirs einbringen und keiner wußt wohin mit dem Segen; fehlten auch manche kräfftige Arme, so da ansonsten mitgearbeitet und manche Mandel

* plündernde Nachzügler/Räuber

blieb auf dem Feld für die Vöglein und die Tiere des Walds. Mir aber ahndete, es könnt doch Unheil kommen und rieffe die Männer zusammen, sprechende: Wasmaßen die Zukunfft unsicher, sollten sie vom Überfluß eine gute Ration im Wald an versteckter Stelle, die man bey den drei Eiben nannte, vergraben. Also geschahe es. Waren dort auch Schlufften und Höhlen, wo sich Menschen bergen konnten.

Unterwährenddem der Winter mit arg viel Schnee uns gleichsam wie in einer Feste umwallete, ging alles seine alten Weg. Ist ein Segen, daß Menschen die Gabe haben zu vergessen. Und ich mein, ohnedas wär offt die Last gar nit zu tragen. Wann gar Dörfler hart geformt seynd, dieweil sie Tag für Tag um die Nothdurfft arbeiten, haben sie nit Zeit ihre Schmertzen zu pflegen. So verharschten die Wunden und alle Hanthirungen giengen weiter wie ehebevor; die Weiber legten die Rübsen in Fässer, die Alten, so nit mehr für hartte Arbeit tauglich, spulten mit den Kindern, andere saßen hinter dem Webstuhl oder spannen. Ich ginge zu allen der Reih nach, wann ich auch öffter mit meim alten Knecht mir den Weg durch den

Schnee hab müssen schauffeln. Auch sonsten verwaltete ich des Amts und hab niemalen nit das Kleinste verabsäumt.

Aber meine Seel war der Freudigkeit und des Friedens ledig, meine Wunden wollten nit verharschen. Unterwährenddem ich meinem Martinum das Lesen und Schreiben lehrte, wars mir offt, daß ich den Thränen kaum wehren konnt, wann ich sein bleich Gesichtlein und die großen Augen sahe. Und wann es geschahe, daß er sich auff meine Knie satzte, sprechende: »Herr Vater, warum kommt die Mutter nit mehr?« da drehte sich mir das Hertz im Leib um. Wann aber das Knäblein schlieffe, warff ich mich in meiner Kammer auf den Boden und meine Seel schriee zum HErrn um die alte Krafft. Aber Er hörete mich nicht, wie ich damals glaubte. Und da, wann alles finster war, da stiege der Versucher aus der Höllen und hohnlachte meiner und übergoß mich mit Spott, sagende: »Du Narre, Du mit Deim Geplärre! Du bist von Anbeginn auffgeschrieben in das Buch der Verdammnus und wann Du noch so arg seuffzest, wirstu nit entkommen der Höllen!«

Ich lase halbe Nächte in den Büchern

gelahrter Theologen und zergrübelte mein armen Kopff. Aber ich sahe, daß sie mich nur verwirreten. Wo nit das Hertz in lauterer Klarheit des HErren Wort und seine Gebot ausleget, dort seynd alle Bücher umsonst. So ward mein Geist müd wie ein gehetztes Rehlein, das schon die Pranken des Wolfs im Nacken fühlet. Wie sich der Epheu mit zähen Würzlein ans Gemäuer klammert, damit er nit falle, so ich an meine Seelen. Bishero war ich ihnen Stab und Stekken gewest, nun aber hielten sie mich in meiner Verzweiffelung: Wußtens aber nit.

Tag legte sich zum anderen Tag und Mond zu Mond. Der Winter verginge, der Schnee zerschmoltz, die Felder und Wälder begrüneten und die Wiesen beblümten sich. Wieder zogen unsere Jungleute mit den Pakken mit mancherley Gespinnst fort auf die Wanderschaft. Aber sie kehrten unfroh heim. Der Handel war halb zerstöhret; mancher Kauffherr war selber ein armer Mann, mancher gestorben. So war der Erlös nit groß.

Und erschröcklich war anzuhören, was sie sonsten berichteten. Die Dörfer und manche Stadt auf dem Weg waren zertrümmert, verbrannt und gar viele von den Einwohnern verlassen. Und auch in Magdeburg legten noch viele verfallene Häuser und ausgebrannte Mauern Zeugnis ab, wie der Feind hier gewütet, wann auch Rath und Gewerbe sich müheten, neues Leben zu wecken.

Traurig spannen sich die Täg vom Wokken der Zeit. Die Vöglein jubilirten in der Luft über den Feldern, aber die Menschen, die da pflügten und eggten, waren im Gemüt unfreudig, als drücke sie der Sorgenalb um der Zukunfft willen. Ward ein Kind geboren, freuten sich die Eltern nit, gabe ich jezuweilen ein Paar zusammen zur christlichen Eh, wars auch nit wie sonsten gehalten mit Brauttanz und Schmaus. Der Mensch hat solche Glücktäg nit als ein Erblehen, das er vermachen könnt auff Kind und Kindeskind. Wann rings das Elend hauset und der gierige Brand der Kriegsfuri alles versenget und nur Trümmer und Ödland zum Himmel schreien, da vergehet wohl die Freud und auff die Hertzen legt sich die Angst vor dem kommenden Tag. Mich jammerten meine Seelen. Aber zeigen hab ichs nit gedurfft. Ich sprache ihnen Muth zu, den ich selbsten nit mehr besaße; ich hieße sie in Treuen zu arbeiten und dem alten GOtt zu vertrauen und ich in meim Hertzen hatt nit mehr Hoffnung. Sie folgten mir, aber es geschahe nit in frohem Glauben. Ich konnt nit ein einzig Scheltwort sagen, auch nit in der Kirch, wenn ich unten sahe die Köpf, so da alle gebeuget waren von der Traurigkeit, die auch mich geworffen, wenn ich auch ohnermüdet tröstete und ihnen Mut zusprache.

Das Frühjahr bracht die altgewohnte Arbeit, wann auch manches Stück Feld nit konnt bestellt werden, dieweilen der Arme weniger waren. Denen, die Wittib geworden oder den Sohn verloren, halffen die Nachbarn aus, so gut es ginge. Auch ich mußt mit meim Knecht pflügen und säen. Nit wie hiebevor tummelte sich mein Knäblein, wann wir arbeiteten; er lage am Raine und schauete hinauff in den Himmel. Jezuweilen, wann ich bey ihm rastete, war in seinen Augen ein seltzamlich Leuchten, als habe er Gesichte. Da sagte ich zu meiner Seelen: warum grabest du das Erdicht und streuest Korn? Für wen? Kann nit morgen schon der Sensenmann Dich, Deinen Martinum, alle Deine Seelen abmähen für seinen Erntetag?

So gäntzlich mutlos war mein Hertze.

Noch immer standen je zwei Männer am Ein- und Ausgang von Walddorf als Guardia, um zu vermelden, wann sich ein Feynd nahete, und die Leut von den nächsten Feldern zu ruffen und zu warenen.

Hatten lang nit mehr noth gehabt, ihre Stimm zu erheben und mancher meynete, es seye nit mehr Noth zu wachen und die Sturmglock zu läuten.

Es kame aber doch der Tag, wo gählings das Geläut in die Thäler klang. Ich saß im Pfarrhaus. Wie es geschehn, weiß ich nit mehr, aber ich zog den Talar über, ergriffe das Kreutz, so über meinen Tisch hienge, und lieffe hinaus und dorthin, wo Gelärm und wildes Ruffen zu mir scholl.

Aus dem Häuslein störtzten Weiber und alte Männer und schrieen vor Angst. Konnt mich um sie jetzo nit kümmern. Weiter jagte ich bis dort, wo sich die Dorfstraß in die nächste Thalsohle kehrte. Da sahe ich am End einen Hauffen Soldknechte, mocht wohl ein Fähnlein seyn, die Helbarten und Spieß glitzerten in der Sonn. Und als ich noch näher kam, saß da ein Mann auff eim starken Gaul und hatt einen Hut mit Federn auf. Aber mitten in der Rotte standen etliche von meinen Dörfischen. Hatten wohl die Dreschflegel in der Hand oder die Sensen, aber ihr Gebeine schlotterte ängstlich oder sie hatten alles weggeworffen und lagen auf den Knien und hoben unter Jammergeschrei die Händ. Was helfen Kriegswaffen, wenn die Todesangst das Hertze entkräfftet!

Ich störtzte vor und rieffe, keuchend, inwährenddem ich das Kreutz erhobe: Im Namen Jesu Christi, habt Erbarmen mit meinen Seelen!

Der Anführer sahe mich scharff an. Die Kriegsleute verstummten und meine Dörfler richteten aus ihren ängstlichen Augen bettelnde Blicke auf mich. Der Fähnderich oder was er sonst war, stiege vom Roß und gienge auf mich zu. Gar sehr erstaunete es mich, als der Mann in lateinischer Zunge fragte, sagende: »Tu es pastor loci«.* Sein Gesicht war noch jung; über die Wange liefe eine blutrothe Narben. Wann aber auch die Augen herrisch blickten, so schiene er mir doch nicht bösen Gemüths. Und so antwortete ich ihm in gleicher Sprach und bate um

* Bist du der Pfarrer des Orts?

Mitleid mit den armen Seelen. Darauff er: es liege ihm nit arg viel an Leib und Leben der Bauern; auch glaube er mir, daß sie nit große Schätze hätten, aber er habe den Befelch, Korn und Schlachtvieh als Proviant einzutreiben. Auf Meilen in der Rund seye alles wüst und leer. Die Kaiserlichen aber müßten auch essen, sonst lieffe alles außeinander. Ich sollte bey solcher Bewandnuß mit den Bauern sprechen, daß sich Walddorf loskauffe, ansonsten müßt er die Mußquetierer auff sie loßlassen. Auch seine funfzig Leut seyen jetzunder arme Seelen, wasmaßen sie zwey Täg die Riemen hätten enger schnallen müssen. So müßten auch sie Atzung erhalten. Inwährenddem er zu seinen Leutten redete, ruffe ich die meinen, so nit fortgeloffen, zusammen. Einer Hilff könnten sie sich anjetzo nit getrösten und der Feynd seyn zu viele und nit etwan bloße Landstörtzer, sondern wohlbewaffnete Soldknecht von den Kaiserlichen. Es seye eine Gnad GOttes, daß der Anführer der Parthey ein traktabler Herr seye, der sie nit kortzweg tritzen und tratzen wolle. So sollt jeder, der zwo Kühe habe, eine geben und wer nur eine habe, eine Ziegen, ein Malter

Korn oder Hirs. So brachten sie Leib und Leben in Salva.* War wohl mancher, so da noch was hätt abzwacken mögen und Wehklagen anstimmete, aber die da mehr Grips im Kopff hatten, schweigeten sie, maßen sie wußten, daß man dem Teuffel nit eine Hand bieten darff, wann er zwey verlange.

So gingen sie denn, wann auch nit unbeschwert im Hertzen, auf die Weid und auffs Feld und holten das Vieh und andere widerum Korn und Hirs oder Rübsen. Die Weiber aber sotten und kochten. Schincken und Knackwürst gabs in gantz Walddorf nit, nur etzliche Hühner. Dieweil aber der Fähndrich seine Leut gar wohl im Zaum zu reutten wußt, sagten sie auch zum geschmeltzten Hirsbrei »Herr Gotte, segne Dich, wanns Besseres nit gibt.« Der Herr Fähndrich aße bey mir einen Eierfladen und mußt Gänswein pokulieren, dieweil ich ihm kein Rheinwein oder Malvasier spendieren konnt. Da erfuhre ich, daß er auch zwo Jahr sich der Theologia beflissen, dann aber in den bösen Zeitläufften hinum und herum geworffen seye. Und als ich mich baß ver-

* Sicherheit

wunderte, daß er als Lutherischer kayserlich geworden, lachte er, die Achseln zuckende und meynte, in der Noth seyen all diese Sachen Narrensbossen. Da dachte ich mir, Du wärest auch nit ein guter Pastor geworden, sagt es aber nit.

Unterwährenddem hatten sie das Vieh zusammengebracht und das Korn und den Hirs. Der Fähndrich besahe alles. Dann trieben die Mußquetierer die Herde ab, und luden auch das Getreid auff die Wagen, so sie mitführeten oder meinen Leuten wegnahmen. Zu guterletzt hob sich der vormalige Theologus auf sein Gaul. Vom Sattel reicht er mir die Hand und sagete noch lachende, er hoff, daß nit etwan die Schweden die andere Hälfte unserer Küh sich abholeten. Noch einmal schwenkte er den Federhut und ritte dann den Waldweg zu, so nach der Heerstraß führte.

Wohl war das Unheil noch mit Glimpf an uns vorbeigegangen; wir konnten dancken, wasmaßen nit der rothe Hahn sich auff die Dächer gesatzet und die Pikenierer uns nit mit den Spießen getrillet. Auch hätten wir wohl alles Vieh hergeben gemußt, wann der Fähndrich nit ein christliches Rühren gespüret hätte. Aber die Menschen seynd so beschaffen, daß sie ihre Augen lieber auff das verlorene richten, dann auf das, was ihnen ist blieben. So hat mancher von meinen Walddörflern der verlorenen Kuh wohl mehr nachgeweinet, als hiebevor seinem Weib oder Kind, wenn sie gestorben waren.

Die Unfreud bey meinen Seelen mehrete sich und ich konnte sie auch von der Kantzel nit mehr getrösten. Weiß nit, ob sie im Hertzen spüreten, daß ihr Pfarrherr selber seinen schwachen Glauben nur mehr mit Sprüchen aus der Schrifft und mit Gesetzeln aus Kirchenliedern bedeckete. Mag wohl so gewesen seyn, wann sie es auch nit recht wüßten. Wann in eim Hertzen das heilige Feuer brennet, dann gibt es auch den Lauen neue Flammen und wann die Krafft des HErren in der Seel wohnet, dann ist sie ein Brunnquell der Kraft für die anderen Seelen. Aber in mir war, wie ich vermeynete, das Feuer zu Aschen geworden und die Krafft zur Ohnmacht. Mich hielte nur die Pflicht des Amtes und der Eyd, den ich mir selbsten zugeschworen. Ich lase wohl des öffteren in dem römischen Poeten Horatio, daß der Mann in bösen Zeiten den gleichen Muth bewahren müsse; wann dann auch die Welt zusammenstörtze, stehe er ohnerschüttert unter den Trümmern. Aber die Worte, mochten sie auch weise seyn, konnten mir nit auffErwecken, was ich für todt ansahe. Wann der HErre Christ nit auch mich loßgekauffet von der Verdammnuß, vielleicht auch nit andere meiner Seelen, was halfe es festzustehen in den Trümmern? Warum trugen wir noch Leides im Überfluß, ein harttes Leben ohne Freud und Sonnenschein, voll Arbeit nur um der Notdurfft des Tages?

So lebte in mir nichts denn der Trutz. Ich wollt nicht sinken und brechen, wie ein Rohr im Sturm, eh mich nit der Tod zerbräche, mocht auch noch mehr Unheyl kommen. Und es nahete schon, wann wirs auch nit ahnten. –

Ich saße in meiner Stuben und hatt den Martinum auf den Knien, der auff der Schiefertaffel Buchstaben schriebe. Und als er müd war, lehnte er sich an meine Brust und sahe nach der Wand. Neben dem Kreutze hingen da ein Conterfey des seeligen D. Luther und ein Bild von dem Meister Albrecht Dürer, so da die vier apokalyptischen Reutter darstellet. Mein Knäblein hatte sein bis anjetzo nit sonderlich geacht, heut aber fragte er: »Herr Vater seynd das auch Fähndriche, wie der Mann, so jüngst bei Euch gewest?« Ich erklärte ihm, so gut man das bey eim Knäblein kann, benennete die Reutter und sagete also auch »Und der da ist der schwartze Tod«. Da sahe das Knäblein forchtsam auff mich, sprechende »Das seynd erschröckliche Leut, Herr Vater«.

Es war am selbigen Tag, als die Sonn nit mehr so arg heiß schiene. Da gienge ich mit dem Martino in den Wald, wo der Weg nach der Heerstraß sich gleichsam in einer Schneuse hinzoge. Dort wuchsen am Rande Brombeeren und manche schon waren reif. Hiebevor hatt sie mein Ehweib sorglich gesammelt, wasmaßen sie nit nur eine gesunde Speiß seynd, sondern auch ihr Safft ein gar gutes Träncklein für manche Krankheit. Da auff einmal sahe ich, daß Martinus sich gählings gantz verfärbte, seine Augen waren groß in den Hohlweg gerichtet; er hobe, am Leib zitternd, die Hand und schriee voll Angst und Schreck: »Der schwartze Todt, der schwartze Todt!« Mein Blick wendete sich dort wo er hinwiese. Wo der Weg aufstiege, etwan hundert Schritt weit, dort kame auff eim schwartzen Gaul ein Reutter, barhäuptig, gantz langsam, aber er war allein. Und nah und näher trabte das Thier und ich sahe, daß es nur Hautt und Knochen seye und sich mühselig schleppte und daß der Reutter gelb und elendiglich ware wie sein Roß. »Sey still, Martine, das ist ein armer Mann. Forcht Dich nit. Es ist auch ein Christenmensch wie Du und ich.« Da fiele gählings der Reutter mit dem Kopff nach vorne, wollt sich halten, konnt aber nit und glitte aus dem Sattel zum Boden. Das Roß sprang nach vorn, dann aber bliebe es zitternde stehen und wieherte so erschröcklich, wie ichs mein Lebtag niemalen gehöret, gleichsam als ruffe es nach Hilf für seinen Herrn. Schnell schickte ich den Martinum, er solle ein paar Leut holen mit der Bahr aus der Kirchen und sodann lieffe ich zu dem Mann. Ich kniete bey ihm nieder und hob sein Kopff. Da floß mir wohl der Schauer übern Rücken, denn das Gesicht war so, daß man es leichtlich für den leibhafftigen Tod hätt schätzen mögen. Man sahe nur Knochen und die Haut darüber gelegt wie altes Pergament. Er schluge die

Augen auff und darinnen ware ein Jammer, gar nit zu sagen. Ich sahe, daß er sprechen und die Hände heben wollt, hat aber nit reden und nit sich bewegen können, und fiele dann wie ohnmächtig hin. Dann aber zuckte sein Leib; und das ware erschröcklich anzuschauen. Konnt ihn nit einmal mit Wasser laben. Unterwährenddem naheten sich zwei von meinen Walddörflern mit der Bahr, und mein Knäblein. Ich bettete den Mann auf den Boden und schritte ihnen entgegen, damit Martinus nit die Krämpfe sahe. So schickte ich ihn zurück; die Schafferin sollt im Haus eine Liegerstatt bereit machen für den bresthafften Mann. Als wir nun den Reutter auffhoben, riß eine Kordel, so das Wamms festhielte, und da ward ein Theil der Brust blos. Da gewahrt ich blaue Pusteln und Schwären und jählinge Angst packte mich und die anderen. Als sie sahen, daß ich nit losließe, faßten sie sich zusammen und halfen, den Mann zu betten, dann trugen wir ihn zur Pfarr, der Gaul aber trabte mit hängendem Kopf hinterher. Die Leut lieffen herbey, ich scheuchte sie, sagende, es seye ein Kranker, den ich im Hohlweg gefunden; sie sollten sich nit erschröcken, es seye auch keine Rotte hinter ihm. Die alte Schafferin schriee ängstlich auff, da sie sahe, wie der Krampff den Mann hin und her warf. Ich hieße sie ein Süpplein kochen und bettete ihn dann auff die Liegerstatt. Die zwey Männer aber lieffen fort, als reutte sie der Gottseybeyuns. Fürsorglich schobe ich ein Polster unter seinen Kopff und wartete nun deß, was kommen sollt. Der Krampff verließe ihn, konnt ihm auch etwas von der Suppen einflößen. Kortze Zeit lage er wie schlaffende da, dann murmelte er, was ich nit verstande, dann aber hob er sich mit großer Mühsal im Bette, hob die Hand und sagte: »Herre, mit mir gehts zu End. Mich hat der Feldweibel von meinem Fähnlein fortgejagt, wasmaßen ich die Pocken hab. Sie satzten mich auff eine alte Schindmähr, gaben mir Ration für eine Woch. So bin ich nun acht Täg herumgeirrt. Tragt mich nach dem Wald, denn ansonsten kommt das Sterben über Euch alle.«

Aber ich konnt ihm nit willfahren, wann ich auch an mein Kind und meine armen Seelen dachte. Auch dieser Elende ist getauffet auff Christi Namen und wann sich der HErr einstmalen nit vor den Aussätzigen fürchtete, darff ein Christenmensch nit wanken, wann einer sein bedarff. Er nestelte an seine Ärmel, zeigte mir daß die Kranckheit ihn schon bei lebendigem Leib zerfräße. Ich aber sagte mir: »Was GOttes Will ist, kann der Mensch nit zerbrechen. Und wann Er es nit wehret, ists umsonsten, daß ich den armen Lazarum in den Wald jage.« Ich sprach ihm Trost zu, er aber verlangte nit mehr anderes, denn einen Trunk Wasser. War das letzte, so ich für ihn thun konnt, denn wieder überfiel ihn der grausige Krampff; dann streckete er sich und hatte seine Lebensreise abgeschlossen. Ich empfahl GOtt seinen Geist, aber ich glaubt nit, daß mein Wort bis zu der Höh kommen könne. Was hatt ich nit gebetet für Weib und Kind, gleichermaßen für meine Seelen. Ist alles gewest wie ein Blatt im Wind. Nit hatt ich sie bewahret vor Mordt und Todtschlag, nit vor der Plünderung. Und jetzo vor mir ein Gezeichneter – war er der Vortrab eines neuen erschröcklicheren Unheils? Das Wort, so da mein Martinus geruffen vom schwartzen Todt gienge durch meine Seel wie ein scharfes Schwerdt. Hat uns der Todt den Mann da als Quartiermacher geschickt, uns verkündende: Der kommt, ehebevor ich komm? Unterwährenddem ich auff die Leich sahe, war mir, als verfärbe sich das Gesicht dunkler und dunkler und als ob es anschwölle. Ich entsanne mich, was ich ehebevor in Schrifften gelesen, so da über die Pestilenz referierten. Und zweifelte nit mehr: der Marodebruder da hatt neuen Schröcken in mein Walddorf gebracht und ich selbst hab ihn aufflesen müssen. Und wann ich auch schon lang nit hab beten gekonnt, in dieser Stund betete ich, nit aber für mich. Verzweiffelt, in seltzsamem Ingrimm hob ich die Händt. »HErre, Gott, nimm mein verfluchtes Leben, nimm, wann Du willst, auch den unschuldigen Martinum, aber schon meine armen Seelen und laß den Kelch an ihnen vorbeygehen. Sie haben schon viel, viel Gallen trinken gemußt. Erbarm Dich ihrer um Deines Sohnes willen!« Also etwan hab ich gejammert.

Das wußt ich, wann einer von meinen Seelen den Mann da, den die Pestilentz gezeichnet, anjetzo schauen müßt, dann wird er bis in die Grundvesten seines Lebens erschröcket und wird Todesangst in die Hütten schreyen. So ginge ich zu der Schafferin, ließe mir Nadel und Faden reichen. Sodann nähte ich den todten Mann in das Leilach der Liegerstatt, daß ihn kein Menschenaug mehr schaute. Nach so gethaner Sach rieffe ich meinen Knecht, damit er mir helfe, die Leich auff die Bahr zu legen und nach dem Freithoff zu tragen. Draußt standen etwelche, so da ängstiglich redeten und nun verstummeten. Ich aber, wann ich auch wußt, daß neuer Schröcken nahe seye, sagte, habt nit Furcht, meine Lieben! Der Arme hatt die fallende Sucht und ist vor einer Stund hinübergegangen. Wir wolln ihm eines ehrlichen Begräbnisses getrösten und seine Seel dem HErrn empfehlen. Wasmaßen ich mit ruhiger Stimme sprach und also nit verriehte, daß arge Forcht mir selbsten im Hertzen saße, beruhigten sie sich und einer lieffe voran, das Todtenglöcklein zu läuten, wies Brauch und Sitte. Dann ward ein Grab geschauffelt, der Leichnam hinuntergelassen, ich sprache, was vorgeschrieben und letztlich beteten wir ein Unser Vater.

Ich aber konnt den Tag und die Woch an nichts anderes denken, denn an die erste Kunde, daß eine meiner Seelen von der bösen Sucht erwürget seye. Und immer dann: Wann der HErr mich wollt nehmen als Opfer und der anderen gnädiglich schonen!

So kame der Sonntag. Ich stande auff der Kantzel, übervoll von Schmertz und mußt reden nach der Schrifft und redete, daß wir uns sollten Liebe erweisen in bösen Tägen, wasmaßen der HErr Christus es also verlanget und gelehret, dieweil sein Vater selbsten die Liebe seye.

Da jählings erscholl ein Schrey von der Seit, wo die Männer saßen, und ich sahe, daß etwelche entsatzet auffsprangen und dann gellte es durch das GOtteshaus: »Der schwartze Tod!« und wieder und nochmalen. Dann aber erhub sich unter den Weibsleuten ein Heulen und Kreischen und sie drängten, einander stoßende, aus den Bänken. Ich hatt unterwährenddem gesehen, daß der eine Mann, so mit mir im Wald den Reutter auf die Bahr gethan, fast schwartz im Gesichte sich im Krampff hin und her warff und nit einer sich in seiner Angst deß erbarmete. Da störtzte ich von der Kantzel, lieffe zu ihm und legte ihn auff die Banck. Sodann aber hob ich, gleichsam von einer frembden Macht gezwungen zu singen an: »Eyn feste Burg ist unser Gott.« Eine Stimm fiel ein, eine zwote folgte, dann sangen auch die Weiber. Aber das starcke Lied hatt nit Krafft wie ansonsten, nit vertrieb es Angst und Sorge aus den Augen, die gleichsam behexet nach dem Mann schaueten, der wie ein Klotz dalage. Da überkame ihn der Krampff wieder, und die Weiber erhoben neu Geschrey und waren nit zu halten. Nur etliche Männer blieben bey mir; wann sie auch nit sonder Forcht waren, mocht ihnen wohl das Trutzlied Krafft ins Hertz gegossen haben. Wir wollten den Kranken in sein Hauß tragen. Dorten aber stande sein Weib an der Thür, hinter sich die Kinder und wollt durchaus nit zugeben, daß wir ihn hinein brachten. Aus ihren Worten und den angstirren Augen sahe ein von Forcht gäntzlich verwirrtes Hertz. So hieße ich die Männer umkehren und wir trugen ihn zur Pfarr. Er sollt aber nit mehr hinein kommen; gählings griffe ihn wieder der Krampff; er schluge um sich, sein Antlitz schwärtzte sich, dann ward er steiff und entathmete sein Leben.

Nit kann ich alles Erschröckliche berichten, wie es sich nun Tag um Tag begabe. Das Todtenglöcklein läutete täglich, bald des öffteren am Tage. Und da es die Forcht vergrößerte, sperrte ich das Thürlein zum Thurm, damit nit immer die böse Kundschafft den armen Seelen ins Hertz dränge. Aber es half nichts, und auch mein Wort war gäntzlich ohne Krafft, wann ich von Hauß zu Hauß lieffe. Die Kindlein flohen mit Angstgeschrey von der Liegerstatt der Mutter oder des Vaters; die Männer verließen die Hütte, wann das Weib in Todeskrämpfen ächzete; nur Mütter, selber schon vom Würgengel gezeichnete, hielten ihre kranken Kindlein an der Brust, unterwährenddem sie, wie vom Irrwahn ergriffen, durch das Dorf irrten oder zu mir kamen, um Hilff schreyende.

Wann allzugroß Leiden sich auff das Hertz häufft, wirds zu Stein. Der Jammer in mir ware zu groß und konnt ihn nit mehr fühlen. Uns wird aus alten Zeitten berichtet von eim geschickten Mann. Der hatt einen Menschen gar künstlich verfertiget, sodaß er gehen und reden konnt, aber ein Hertz hat er ihn nit einsetzen gekonnt. Also ware ich gleichsam ein so gethaner künstlicher

Mensch, ginge zu den Kranken, saße bei den Sterbenden, sprache von eim besseren Leben, aber mein Hertze wußte nit, was ich tat und sagete.

Über meine armen armen Seelen ware ein Entsatzen gekommen, nit zu sagen. Sie wußten auch nit mehr was sie taten. Und übergaben nit einmal mehr die Todten der geweihten Erde. Ich allein mit meinem treuen furchtlosen Knecht konnts nit mehr schaffen. Da gählings kame über die Letzten, so noch Krafft fühlten, der Gedanken, von Walddorf zu fliehen und also Leib und Leben vor dem großen Sterben zu salvieren. Sie mochten sich wohl in der Nacht unterredet haben, nachdem an einem eintzigen Tag sieben von der Pestilentz erwürget worden.

Als ich am Morgen aus der Pfarr trate und in die Gassen sahe, erschaute ich die zwei letzten von den großen Heuwagen hochbepackt mit verschiedener Fahrnuß und bespannt mit Kühen. Und dabey drängten sich Männer und Weiber, so auch noch Pakken auff dem Rücken schleppten. Ich lieffe zu ihnen sprechende: »Um des HErrn willen, was wollet Ihr, liebe Seelen?« Sie blickten mich an, ihre Augen glitzerten gleichwie im Fieber aus den verstörten Gesichtern, aber mir wurde nit Antwort. Und nochmalen fragte ich. Da trate einer vor: »Herr Pfarr, wir wolln dem schwartzen Tod entlauffen.« Unterwährenddem erschallte lautes Jammern aus den nächsten Häußlein. Dort hockten alte Männlein und verhutzelte Weiblein. »Und die«, sagete ich, »wollt Ihr lassen?« Der darauff: »Herr Pfarr, sie wolln nit mit.« Da reicht er mir die Hand und auch andere. »Habet Dank! Wir müssen fort, wir wolln noch nit sterben.« Nein, nein, erscholle es von allen Seiten. Ich sahe, daß da mein Red umsonsten ware; ich sahe auch, daß die verzweiffelten Seelen, wann sie auch noch so viel Proviant auffgepacket, darum nit dem Tod entlauffen. Brennende Schmertzen in meiner Seel erhobe ich die Händ und sprache die Worte des Segens. Und da begannen die Wagen sich zu bewegen und zogen langsam dem Hohlweg nach der Heerstraß zu und entschwanden letztlich meinen Augen. Da konnte ich mich der Zähren nit mehr enthalten und weinete bitterlich. Aber das Jammern und Wehklagen von den Hütten weckte mich aus der Schmertzversunkenheit. Ich durfft nit an das Leid denken, so lang noch eine arme Seel meiner nöthig hatte. So wie der Fähndrich in der Schantz seine Standarte vertheidigen muß, bis er sich im Tod verfärbet, gleichermaßen mußt ich stehen als ehrlicher Kriegsknecht.

Wann sich ein bös Wetter über einer Heerde entladet und der Blitz in sie einschlaget, und manches Thier tödtet, die anderen aber entsatzet aus einander fahren und gar in einen Abgrund störtzen, dann gehet der Hirt, zu suchen, was noch lebt von den Schäflein. Also auch ich. In mancher Hütte hausete nur mehr das Schweigen, dieweilen alle Bewohner gestorben oder nun davongegangen. In anderen lagen Todte, jung und alt, und verbreiteten erschröcklichen Geruch; und anderswo sahe ich Menschen im Sterben, die jämmerlich wimmerten, von allen verlassen. Ich sorgte für sie, so gut ichs vermochte. Dann sammelte ich meine letzten Seelen. Es waren neben Martino, der Schafferin und meinem Knecht noch vier alte Männer und fünf Weiblein, die sich nit von dem Haus, in dem sie das Licht der Welt erschauet, hatten trennen mögen. Sie waren alle reif für die Sensen des

Todes, aber er war achtlos an ihnen vorbey geloffen und hatte lieber die jungen und die Kindlein in Schwaden gemähet. Und da saßen und standen sie nun um mich auff den Stufen zur Pfarr, ein armsälig Häufflein, die Gesichter durchfurcht von Sorgen und Schmerzenfalten, die Augen stumpf, in zerrissenen Gewändern. Ich sprache zu ihnen mildiglich, gleichsam ein Vater, dieweil sie alle zu Kindern geworden, die sich nit selber helffen konnten. Und ich bate sie, ihre Hütten zu verlassen, und in die leeren Häuslein bey der Pfarr zu ziehen, damit ich ihrer besser warten könne. Aber nur vier folgten meinen Worten und zogen zusammen in die Pfarr, die anderen mit den steinharten Köpfen des Alters wolltens nit. Mußt ihnen den Willen lassen. Mußten aber zwei doch fort aus ihrem irdischen Hab, denn die Pestilentz holte sie noch in den nächsten Wochen.

Unterwährenddem war die Zeit der Erndte gekommen. Mit wehem Hertzen ginge ich mit meinem Knäblein an der Hand oder auff den Armen durch die Felder, die sich unter dem Seegen beugeten. Für wen? Ich ware trotz aller Mühsal der eintzige kräfftige Mann, mein Knecht, wenn auch voll Eifer, doch schon alt und die andern kaum für halbe Arbeit zu rechnen. Aber ich mußt nun gleichsam als Hausvater und Hausmutter an die Notdurfft des Winters dencken, und sorgen, daß soviel Hirs, Korn und Rübsen eingebracht werden, uns zu erhalten.

Das war ein hartt Stück, die nächsten Felder abzuerndten, die Frücht für die Nahrung bereit zu machen und sonderlich ein Streiffen Lands zur rechten Zeit zu bestellen. Offt konnt ich nit einmal mehr mit meim Martino ein Stück in der Schrifft lesen und sein Gebetlein mit ihm sprechen. Steinmüd schlieff ich ein.

Unterwährenddem ware ein hartter Winter eingebrochen. Nun erst zogen die Leute, die ehebevor nit gewollt, in das Haus, soda der Pfarr am nächsten lage, ansonsten hätt der Schnee ihnen den Ausschlupff gäntzlich verwehet. Die Kält war so erschröcklich, daß ich den Gottesdienst in meiner Amtsstuben abhielte. Wann der frühe Abend kam und sie den Imbiß eingenommen, sammelte ich meine alten Kinder um mich, nachdem unsere zwo letzten Küh und eine Ziege versörget waren. Ich lase ihnen aus Büchern, so nit gar arg mit Gelehrsamkeit ausgezieret gewest, vor, sprache ihnen, was sich in denen alten Zeiten begeben oder vom Fausto, vom Zauberer, von den sieben Weisen, den Haymonskindern oder dem hürnenen Siegfried. Ich sahe wohl, daß meine Seelen nur mehr unklar aufmercketen. Wann der Kienspan stärker aufleuchtete und ich die verlorenen Augen sahe, wußte ich: die Armen seynd schon bis zur letzten leeren Seiten ihres Lebensbuch kommen, ihre Seelen stehen schon an den Pforten der Ewigkeit. Ware auch so. Mit Einbruch des Winters hatt der schwartze Tod Kehraus gemacht, aber ehbevor die heiligen Christtäg kamen, waren wieder zwei der alten Kinder wie Lämpchen ohne Öl sänftiglich verlöschet, sonder Kampff und Noth. Nur mein treuer Knecht hatt mit lichten Augen dem Todt entgegengeschaut, hatt mein Hand gehalten und Abschied genommen, sprechende: »Herr Pfarr, Ihr habt mich offt gesegnet. Erlaubet nun, daß auch ich Euch segne für alles. Mir thuts so leid, daß ich Euch nit mehr helfen kann im Frühjahr, aber meine Kräffte seynd auffgezehret. GOtt seye bei Euch und bei Martinus!«

Ich werd die Wort niemalen vergessen.

So ward meine Gemeinde gar klein. Wann ich nach dem Abend-Imbiß zu ihnen redete, mein bleiches Kind auff dem Schooß habende, ware mirs offten seltzamlich zu Muthe. Martinus lage mit dem Kopf auff meiner Brust mit geschlossenen Augen, die anderen saßen zusammengesunken, wie schon gestorben. Wann der letzte Kienspan nur mehr ärmlich leuchtete und das Dunkel sich ausbreitete, war mirs gleichermaßen als seye ich in einer Todtenkammer. Und ihr gleich ware mein Hertze, wo lauter Gräber sich aneinander reiheten. Meine Wort klangen als kämen sie von weit her, letztlich drückte es mir das Haupt zur Brust und ich mußt mich auffreißen. Im Januario des neuen Jahrs wurden ein paar meiner Alten so hinfällig, daß sie offt viele Täg nit Krafft hatten, ihre Liegerstatt zu verlassen. Waren dann so abgekehret vom irdischen Leben, daß sie nit hörten, wann ich zu ihnen sprache oder nur wie Kinder wirre Worte lalleten. Auch mein Martinus ware wie ein Schatten. Ich konnt letztlich nit mehr des Frühjahr mit Geduld erwarten. Sonderlich in der Nacht, wann ich nit einschlaffen konnt, wars erschröcklich. In der Still und in der Finsternuß da kann der Mensch seinen Gedanken nit davonlauffen. Dieweil er nichts siehet und höret, muß er in seine Seel schauen und muß horchen, was da für Bilder kommen und sprechen. Einstmalen hatte ich Tröstliches geschauet und erhorchet, war sicher meines Glaubens und voll von Hoffnungen für Leben und Sterben. Und die Lieb floße mir aus dem Hertzen so leicht und lieblich, wie ein frohes Bächlein, das weiß, sein Brunnquell könnt niemalen nit versiechen. Auff Fels gebauet war meine Welt. Wann ich aber Leides erfuhre, da ware das Gebet ein starker Stecken. Nun aber ware es zerbrochen und konnt mir nit mehr dienen, wo ich durch Klüffte und Schroffen hintaumelte in der Nacht. Da standen böse Gedanken in mir auff. Ich will sie nit verhöhlen, damit offenbar werde die dicke Finsternuß meiner Seelen. Mit der Axt erschlagen wollt ich mein Kindlein und dann mich aufhängen. So gäntzlich verqueret waren mein Hertz und mein Denken. Und in einer Nacht packte michs wie mit eiserner Faust und riße mich von der Liegerstatt. Ich meint, ich könnt nit mehr den Morgen schauen und das alte Elend unseres Lebens. Wohl sahen mich zwo Augen in mir selbsten straffende an, und ich glaubt zwo bleiche Hände zu schauen, die sich abwehrend gegen mich streckten. Aber trutziglich macht ich mich blind. Im Mondenlicht schlich ich nach der Küchen, faßt das Beil und schliche nach dem Bette, auff dem Martinus lage. Deutlich konnt ich ihn sehen; das Gesichtlein nur mehr Hautt und Knochen; auff der Stirn Schweißtröpflein, die erschröcklich abgezehrten Händlein zuckende. »O mein Hertzens-Trost«, so sprache meine Seele verzagende zu der seinen, »nit will ich Dir Leids anthun. Losreißen will ich dich aus den Stricken des Elends, daß Du zur Mutter in die Ewigkeit gehen kannst!« So gäntzlich zerstöhret war mein Geist, daß er unerhörten Mordt kleidete in das lichte Gewand der Liebe. Und ich hobe die Axt. Da gählings schlug mein Knäblein die großen unschuldigen Augen auff, aus denen ein Glantz leuchtete, der nit von unserer Welt ware. Nit aber sahe er das Beil, nit las er meine Frevel-Gedanken. Ein lieblich Lächeln ginge über das Gesicht, er hobe mühsälig die Arme und sagte: »Lieber Herr Vater!« Nichts weiter, dann schlieffe er wieder. Und da brache ein überirdisch Licht in meine kranke Seelen und vertriebe die Finsternuß. Ich sank zitternd an der Liegerstatt, durchschüttert vom Sturm des Gottes-Odems. Ein Wunder ware geschehen. Hätt mich nit im letzten Augenblick die Lieb aus den Augen meines Kinds angeschaut mit himmlischem Glantz, so wäre ich anjetzo ein Mörder. O ich ungläubiger Thor! Ich schwacher Narre! Nit bin ich vom HErrn verlassen gewest die letzten Jahr, wie ich vermeynet. Er ware bey mir mit seiner Liebe, nur hatt ichs nit gewußt. Daß ich hab auffrecht stehen gekonnt, und sorgen für meine Seelen, nit ware es meine Krafft; ich hab nur geschöpfft aus dem abgründigen Brunnquell der Krafft des HErrn. Wann ich konnt Lieb erweisen, seine Lieb ware in mir auch in den Tagen, wo ich an allem verzweiffelte. Und nun hat mich des Vaters Gnade angeschauet aus den Augen meines Knäbleins. Nit war ich verdammet, nein, ich bin gesegnet gewest, dieweil ich meinen Seelen dienen gedurfft, so gut ichs verstande. Und nun ergossen sich die Zähren aus meinen Augen. Waren aber nit ein Wasser, das das Hertze wie Gallen zerfrißt, sondern gleichwie ein Strom GOttes, so da mit wuchtiger Fluth alle Verzweiffelung und Bitternuß wegschwemmte. Zum ersten Mal nach Jahren senckete ich das Haupt nit als ein forchtsamer Knecht, der sich bücket voll Angst vor der Geißel seines Herren, ich hobe es und es strackte mich die Krafft GOttes, unterwährenddem meine Lippen brünstiglich beteten: »HErr, Dein Wille geschehe, wie ehebevor, so auch fürderhin.« Also ware mir nach meinem Golgatha mitten in Winterstägen die Osterzeit und die Aufferstehung kommen.

Ich hatte meine Krafft nöthig, wasmaßen auch die Schafferin nur mehr mühselig humpelte. Die Pfarre ware anitzo zum Kranken-Spittel geworden und offten mußt ich von Liegerstatt zu Liegerstatt. Aber ich thate es nit mehr, weil mich die hartte Pflicht commandierte, sondern mit Freudigkeit. Und ich merkt wohl, daß ich nun wieder trösten und auffrichten konnt, dieweilen der HErr in mir lebte. Wann jezuweilen auch die Sorge um die kommenden Täg sich erhobe, dachte ich: Kommt die Zeit, bringt die Zeit!

Das Frühjahr nahm den Schnee weg und alles begonnte sich zu begrünen. Nur meine alten Kinder nit mehr; die schlieffen eines nach dem anderen sänfftiglich in meinen Armen hinüber, und ich bereitete ihnen das letzte Bette.

Bestellen konnt ich aber nur ein kleines Stück Feldt. Aber da im vorigen Herbst so viel Korn und Hirs nit ware eingefechselt worden, so streute jeder Halm, gleichsam ein Sämann im Dienst GOttes, selber die Körner zu froher Urständ* aus. Ich sammelte Beeren, Wurzeln und Pilze und die Schafferin trocknet sie in der Sonnen. Die alten Küh gaben keine Milch mehr und waren zu nichts nutze; ich ließe sie auffs Feld lauffen.

Den Martinum truge ich Tag für Tag nach einem Rain, wo die Sonn hinschiene. Er war leicht wie ein Federlein. Und wann der Tag des HErrn kam, trug ich ihn in die Kirch und führte die Schafferin und waltete des Amtes für meine zwo Seelen. Ich konnt mit den beiden Siechen ja nit der Eindöd entkommen, so mußt ich geduldig abwarten, was uns bestimmt ware. Offten saße die Alte auff den Stufen vor der Pfarr und mein

* Auferstehung

Kind lage in ihrem Schooß und beide schlieffen im warmen Sonnenschein. Ich aber wanderte durch die Gassen und dacht nach über das Schicksal der Menschen und die Zeitläuffte, über dieses Leben und die anderen, die ihm folgen mußten. Haus an Haus stande stumm und sterbensbereit. Der Winter hat bös gehauset, manches Dach halbet vom Stroh entblößet, so daß die nackten Sparren vorschauten; die Laden hingen kaum mehr in den Angeln, der Putz war von den Mauern stückweiß abgefallen und man sah das Zweiggeflecht, drinn wuchsen Schimmel und Pilz; die paar Webstühl rührten sich nit. In den Höfen wucherte Unkräuticht aller Art, und die Dornhecken, die keiner beschnitt, schickten lange Schößlinge aus, als wollten sie die Verwüstung zudekken. Da dacht ich offten auch an die Seelen, die in wilder Furcht vor dem schwartzen Todt fortgeloffen, vielleicht auch schon verdorben und gestorben waren oder in der Fremd hinsiecheten, wie ihre Hütten.

So kame die Erndte. Ich konnt nit schneiden und einfahren. So schritte ich mit einem Sack durch die Felder und streiffete die Körner von den Ähren, und zerriebe sie zwischen den Mahlsteinen zu groben Mehl. Als der Winter nahete, war das Haus also mit der Notdurfft bestellet, daß wir drei nit verhungern konnten. Sollten aber nit lang dreie bleiben; die Schafferin lage eines Morgens mit friedlichem Antlitz todt in ihrer Kammer. Sie hats auf siebenundachzige gebracht. Und hat niemalen nit gerastet und gefeiert, und ware treu ehebevor ihrem Mann und ihren Kindern, die alle vor ihr dahingegangen, und dann mir und meinem Martino, immer aber dem HErrn. Und ware sie auch nichts fürnehmes und hat keiner von ihr gewußt, der HErr kannte ihr lauteres Hertze.

So war ich denn zurückgeblieben mit meiner letzten armen Seel, und ware ihm Vater, Mutter und Genoß. Er lage nun die ganzen Täg auf der Liegerstatt, und konnt jezuweilen nit einmal die Arm rühren. Auch hat er nit geklaget mit dem Mund, nur in seine großen Augen tratte jezuweilen gählinge Angst. Wann er aber sprache, so redete er von der Mutter und dem Schwesterlein. Und ich malte ihm die himmlischen Gärten und Wiesen, wo er sie sehen und mit vielen, vielen Brüdern und Schwestern wird spielen und die Mutter halsen und hertzen. Dann wird auch GOtt Vater und HErr Christus kommen und liebevoll zu den Kindlein sprechen und sie segnen. Und er lächelte sälig. Ich wußt ja wohl, daß es in Wahrheit nit also seye, aber wann man zu den Unmündigen vom Paradeiß redet, kann es nit so sein, wie wann einer zu Männern spricht. Für unschuldige Kindlein ist ja das Spiel gleichsam eine himmlische Seelen-Ergötzung. So ware es nit unheiliges Thun, wann ich meim Martino das Himmelreich also abconterfeyte.

So lebt ich gleichsam auff einer Insul in der großen Still, die nur jezuweilen das wilde Geheul des Wintersturmes durchfuhre, gantz alleine für mein sieches Kind, das da gleich einem Helden duldete. Es mocht um die Christzeit des Jahres 1647 sein. Die Täg hatten sich mir etwas verwirret, so daß ich die Zahl nit genau wußt. Jeglichen Abend lage Martinus mit rothen Bäcklein bis in die späte Nacht. Ich wußt wohl, das waren Todtesröslein, denn am Morgen war er gleichsam als ein Todter anzuschauen und lage schwer athmende da. Aber einmal schiene es, als seye er wieder in etwas zur Krafft kommen, redete gar lieblich vom Paradeiß und der Mutter und Schwester. Letztlich bate er flehentlich, ich sollt ihn am heiligen Christ in die Kirch bringen. Ich stellt ihm vor, daß es in ihr jetzo kalt seye, wie in eim Keller. Da ward er unruhig und so traurig, daß ich ihms versprache.

Am nächsten Morgen ginge ich in die Kirch. Auff die Leuchter am Altar und wo ich sonsten sie anbringen konnt, steckt ich lange Kienspäne auff. Sodann entnahm ich der Truhen die Deck, so ehebevor mein Weib mit gar feinem Zierwerk außgeputzet, legte sie sorglich auff den Tisch des HErrn und warff mich nieder vor dem Gekreuzigten und sprache ein Gebet, dieweil mein Hertze schwer war um meines Martini willen.

Als nun der Tag sich zu sencken beganne, rüstete ich, was noththat. Erstlich ginge ich in die Kirch, schlug Feuer und zündete die Kienspän an. Dann lieff ich zurück. Aus der Brauttruhen meines todten Weibes nahm ich die Pelzschauben. In die hab ich den Martinum sorglich eingehüllet, zu ihm in Scherz sprechende, er seye nun ein kleiner Knecht Rupprecht. Er lächelte, aber so müd, daß mein Hertze noch schwerer klopfte, denn bevor. Die Dämmerfrau spann schon ihr Geweb und die ersten Stern funkelten, als ich die paar Schritt mein Kindlein zur Kirch truge. Ware mir, als schliche der Tod an meiner Seit.

Als ich durch die Thür in die Kirch tratte, sahe Martinus die vielen Lichter. Da machten sich seine Augen weit auff und gläntzeten, aber das ware nit mehr ein irdisch Leuchten. Mich überkame die Gewißheit, du tragest einen, so hinüber will. Sänfftiglich bettete ich das Knäblein in das Pfarrgestühl, das dicht bey dem Altar stande, strich ihm über die güldenen Haar und stiege dann die Stuffen hinauff. Mit stockender Stimm sang ich ein Gesätz von dem Festlied, lase das Evangelium von der Geburt des HErrn. Meine Augen hafteten an dem blassen Gesichtlein und an den Augen, die in die Lichter schauten. Sodann aber sprache ich. Nit wie zu einer Gemeind, nein, meine Seelen redte nur zu der letzten Seel, die meines Kindleins Seel war, zu einer Seel, die schon sich hobe zum Fliegen von dieser Erd und mit leisem Fingerlein pochete an das Thor des Paradeißes. Ich nahme Abschied von ihr; ich gedachte, wie dieses Kindlein, gleichsam ein Bot des HErren, mich hatt gerettet, als ich nah war, hinabzustörtzen in den tiefen Abgrund der Wirrnuß. Und ich gedachte, daß diese reine Seel nun bald eintretten werde in das Licht und nichts wird das Aug des ewigen Vaters an ihr finden, was er nit mit Freude schauen kann. Das war nit mehr mein Kind, des schwachen Menschen, es war gäntzlich GOttes. Ehrfürchtig sprache ich zu der Seel, die hinüberginge. Da sahe ich, daß sich die Augen des Martinus schlossen. Ich sprang hinunter; ich umhalsete ihn und rieffe laut seinen Namen. Da öffnete er nochmalen seine Lider, schauete mich an, leise lächelnde, sagte: »Vater, Mutter!« Sonsten nichts, dann machte er einen langen Athemzug und streckte sich in meinen Armen. Ich legete das Ohr an seine Brust, das Hertze hatt den letzten Schlag gethan. Ich aber hab nit geweint, nur gedanket, daß mein Martinus nun des Leides ledig war. Ich legte die Leiche am Altar nieder, küßte ihr Stirn und Mund. Meinen Schmertz hab ich zu Füssen des HErren Christ gebettet, der so viel Schmerzen getragen, dieweil er alle Menschen geliebet. Dann löschte ich die Lichter aus, so noch brannten, damit kein Unheyl entstehe, nahme das letzte und gienge durch die Nacht in die Pfarr. Dort ergriffe ich das Kirchen-Buch und schrieb nach der Todtanzeig der Schafferin:

»Am 23. oder 24. Dec. desselbigen Jahres 1647 ist im noch nit gäntzlich vollbrachten sechsten Lebensjahr in seinen HErrn Jesum hinübergestorben an der Auszehrung das Söhnlein Martinus des P. J. C. Masii. Ist die letzte Seel der Gemeind gewest. Der HErr nehm Dich an sein GOttes-Hertz!«

Als ich das geschrieben, ware mir, als seye ich nun entamtet und habe die letzte Pflicht vollbracht.

Nun ich nichts zu sorgen hatt, mich nit anspannte, die Schulter zu heben gegen des Tages Last und Müh, überfiele mich gählings Müdigkeit also starck, daß ich auff dem harten Stuhl einschlieffe. Und deromaßen hartt ist mein Schlaff gewest, daß ich erst am anderen Tag erwachte, als schon die Sonn leuchtete. Ich mußt mein wirren Kopff erst sammeln, ehebevor mir klar wurde, was geschehen seye. Da nahme ich Hacken und Schauffel, um meim Martino die letzte Liegerstatt zu bereiten. Ware aber nit möglich, wasmaßen der Frost das Erdicht zu Stein gewandelt. So ginge ich in die Kirchen, grüßete meinen Todten und sprache ein still Gebet. Sodann stieg ich in die Gruft hinter den Altar. In ihr ruheten die Gebeine etzlicher Vorfahren im Amt. Aber ein Sarg ware, weiß nit werohalber, leer. In den legte ich den Martinum und sprache über ihn die Worte des letzten Segens.

Als ich hinauß tratte in den hellichten Tag, kame die Angst der Verlassenheit erst über mich. Hier kannstu nit bleiben! schriee es in meiner Seele. Kein Hauch gienge durch die Lufft; kein Ton von Tier und Mensch, und alles lage tieff im Schnee.

Nur eine Nacht hab ich noch in der Pfarr geschlaffen. In der Morgenfrüh besorgt ich, was zur Abreiß noththat. Ware nit allzuviel Schätze und Kleinodien hatt ich nit mitzunehmen, nit einmal ein Zehrgeld, wasmaßen ich schon seit Jahren nit einen blanken Heller von meim Pfarrgeld bekommen. Über meine arg zerfetzten Kleider zog ich die Pelzschaube und darüber den arg zermürbten Talar; um die zerrissenen Schuh wikkelte ich Fetzen. Dann nahme ich das Kirchbuch und etzliche Urkunden, einen Stecken und in eine Säcklein gemahlenes Korn zur Atzung. An der Thür befahle ich mich der Gnade des HErrn und schritt fürbaß. Gählings fiele mir bey, daß ich den gantzen letzten Täg der Ziegen hatt nit einmal gedacht. Ich lieffe nach dem Stall. Da lag das Thier von dem eigenen Strick erwürget vor der leeren Schütt. Da gedacht ich des wälschen Ordensmannes, der da die Tiere seine Brüder hat genennet und ich sagte: Verzeih mir – ich habs nit aus bösen Willen gethan.

So ware mein Abschied von Walddorf.

Was sich nun begabe, hab ich Dir, mein Sohn, schon erzählt. Ein Tag und Nacht stapfte ich im Schnee der Heerstraß mit großer Mühsal, letztlich so ganz verstumpfet, daß mich die Schlafsucht übermannte. Ich setzte mich auff ein Steinhauffen und schlieffe ein. Was dann geschehen, hab ich nit aus eigenem Wissen. Ein Kauffherr, der mit seinen bewaffneten Troßknechten allerley Waaren heimgeleitete, fand mich erstarret. Man riebe meinen Leib mit Schnee, hüllte mich in Decken. Und also ward ich nach des HErrn Willen gerettet.

Der Kaufherr, Dein Großvater, nahme

mich als barmherziger Samariter in sein Haus und hat mir Pflegschaft und Lieb angedeihen lassen, wie einem Bruder. Nit minder seine Tochter, Maria. Als mein Siechthum mit GOttes Hilfe überwunden ware, ließe er nit von mir. Da er auch im Rathe der Stadt Magdeburg Sitz und Stimm besaße, ward ich als erster Prediger an der Johannis-Kirch bestallet. Und wenige Täg bevor die Glocken der Stadt verkündigten, daß in Münster der Frieden ratificieret seye, gabe mir der edle ehrenfeste Mann sein Kind zum Eheweib. Ehebevor die Zeit sich jährte, hat mir die Wehmutter Dich in die Arme gelegt. Ware mir, als seystu ein neuer Martinus, und inbrünstiglich hab ich Dich dem HErren anempfohlen und gebetet, seine Gnad mög Dich vor Unheyl bewahren.

Ist mir nit immer leicht geworden, meines Amts zu walten, wie ichs in Walddorf gelernt. Ware viel Streit und Zank in der Christenheit und ist, dem HErren seye es geklagt! noch nit besser geworden.

Ich war nit so beschaffen, daß ich hätt mit den Eiferern und Zänkern lauffen mögen. Was ich ehebevor an Leib und Seel erfahren, hat mir nur eine Lehr ins Hertz gebrennet:

Wann der Prediger nit die Lieb zu GOtt und den Menschen lebendig in der Seelen heget, ist ihm der Glaub alleinig nichts nit nütze. Wer da aber um eines Satzes willen, so ein anderer anders ausdeutet, denselbigen hasset und verfolget, der ist nit Christi. Man sollt ihn von der Kantzel stäupen, dieweil er die reine Lehr verschimpfieret.

Dir aber, mein lieber Sohn, der Du nun in nit ferner Zeit sollst geweiht werden, sag ich noch die zwei Sätz:

Streb nit unruhig nach irdischer Ehr und nach weltlichem Gut. Wer da Diener ist GOttes, der kann von keinem, und wärs auch ein Kaiser oder König, Ehr empfangen, nur vom HErrn, so der ihm Krafft verleihet die Lehr zu leben, seye es auch in bösen Zeitten.

Wann Du es aber hast also gethan, dann hüt Deine Seel vor Hoffarth. Was Du hast thun dürffen, hast Du aus des HErrn Krafft gethan. Und wann Schmertzen über Dich kommen, steh fest auf dem Fels der Liebe, nit der weichmüthigen, sondern der starkken, die nit wancket. Deine Schmertzen opfer dem HErrn. Und je mehr Du Dich also opferst, um so mehr wachsen an Krafft und an Reichthum GOttes wird Deine Seel. So wirstu sein ein Mann und ein Christ.

Ausgeschöpfet ist bis zum letzten Tröpfflein, was ich Dir hab sagen können. Nit ist es mir gegeben, für Dich Dein Leben zu bestehen, nit den kleinsten Schmertz kann ich für Dich tragen. Ich hab nichts nit, denn meine Lieb zu Dir, die Dich segnet mit dem Wunsch: mögstu zum HErren kommen und in sein Licht!

Nun heb mein Hertz die Hände
Zu Deines HErren Macht,
Daß er zu gutem Ende
Dein Leben hat gebracht.
Ihm g'bührt der Dank allein:
Jeds Denken im Gemüthe
Jeds Tröpflein im Geblüte
Seynd, HErr und Vater, Dein!
Du hast aus dunkelen Tägen
Mich in Dein Licht geführt,
Für alles Heyl und Seegen
Nur Dir der Dank gebührt.
So viel der Sternlein prangen,
Den edelen Perlen gleich,
So viel ist mein Verlangen
Nach Deinem Friedens-Reich.

Amen.

In der Reihe

KLEINE KONSTANZER BÜCHERTRUHE

KOSTBARKEITEN DER LITERATUR

liegt außerdem vor

Emanuel Stickelberger

## Das glückhafte Niesen

*70 Seiten. Gebunden*

Das Kloster Münsterlingen am Bodensee ist auch häufiges Ziel für Barbara, die Tochter des evangelischen Pfarrers aus dem benachbarten Scherzingen. Ein herzliches Verhältnis verbindet sie mit den katholischen Ordensschwestern, die während ihrer Geburtstagsfeier dafür sorgen, daß durch Barbaras Hochzeit auch deren Verbundenheit zum Kloster gewährleistet bleibt.

Friedrich Bahn Verlag. 7750 Konstanz

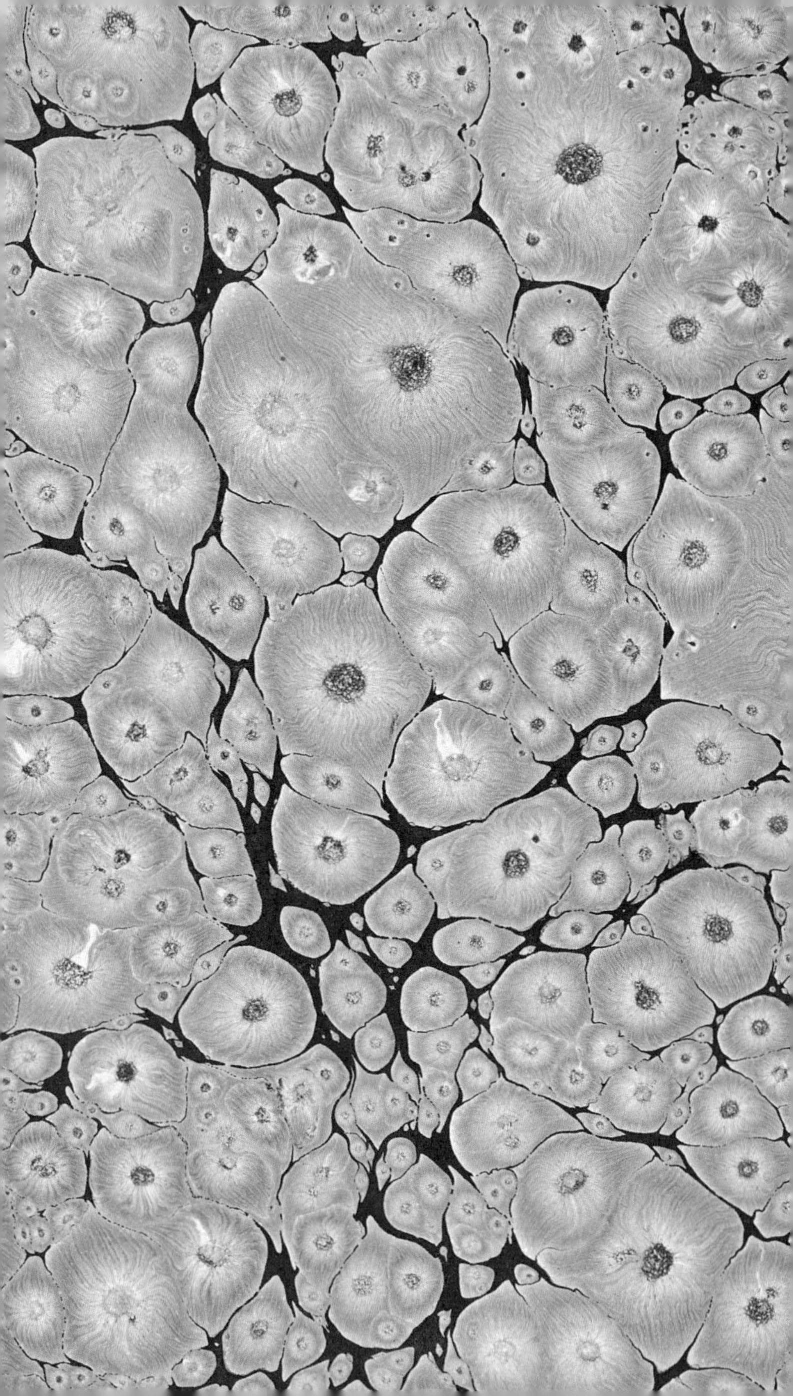